動画付き改訂版

陸上競技
スプリント最速トレーニング

～100m・200m・400m～

中央大学陸上競技部コーチ
豊田裕浩 監修

東京2020オリンピック代表
飯塚翔太 出演協力

メイツ出版

はじめに

スプリントは道具を使う競技とは違い、生身の身体だけでいかに速く走るか、0.01秒を争うシンプルで魅力的な競技だ。それゆえに上辺だけの技術にとらわれない、基本的な身体の使い方が重要になってくる。

本書では、リオデジャネイロオリンピックの4×100mリレーでエース区間の2走を走り、銀メダルに輝いた飯塚翔太選手がモデルとなり、中央大学時代から指導をしている豊田裕浩コーチが速く走るためのコツを伝授する。

「速く走る=トップスピードを上げる」点に着目し、最大のポイントである片脚が地面に着く瞬間の接地時に大きなパワーと推進力を生む、走りを解説する。そのために必要な体幹トレーニングの重要性を説き、部活ですぐに使えるトレーニングも紹介している。

これから短距離走を始める人も、伸び悩んでいる人も、トップ選手の考え方や練習法を取り入れ、どんどん自己ベストを更新していこう。

この本の使い方

この本は陸上のスプリント競技に挑戦する人が、好タイムを記録するためのトレーニング方法や取り組み方、準備、テクニック等を解説している。これからスプリント競技をはじめようとしている陸上初心者はもちろん、すでに大会やレースでの試合経験がある上級者でもレベルアップできる内容となっている。

スプリンターに必要な技術やフォームの注意点、上達するための考え方を解説しているので、読み進めることで着実にスキルアップすることができる。克服したいという苦手な項目があれば、そこだけをピックアップしてチェックすることも可能。各ページには、解説を要約する「コツ」があげられている。

タイトル

このページでマスターするコツとテクニック名、テーマが一目でわかる。スプリンターに必要な技術や取り組み方を理解しよう。

PART2
一台ずつ
コツ 11
ミニハードルで片脚ステップトレーニング
正しいパワーポジションを身につける
上げた脚のかかとを接地している脚の膝に近づけると安定する
動画をCHECK!
1歩ずつ接地するたびにパワーポジションで止まる
走るときの接地は必ず片脚で行い、両脚で接地する局面はない。接地した瞬間にいかにバランスを崩さずに地面に力を加えられるか。それを磨くために並べたミニハードルを片脚ジャンプで越えて着地しながら進む。1歩ずつ着地するたびに最大限に力を発揮できる「パワーポジション」で止まる。
40

解説

タイトル・テーマと連動し、スプリンターとしてレベルアップするためのセオリーや考え方を解説。じっくり読んで頭で理解する。

スマホ・タブレットで動画をチェック！

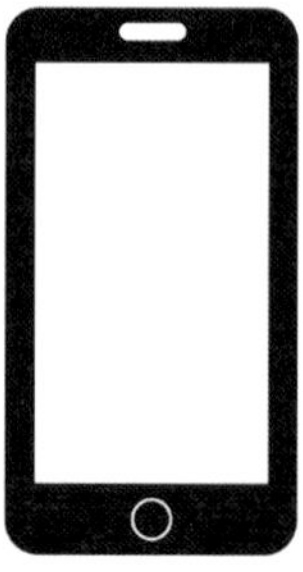

二次元コードを読み取る

本書掲載のトレーニングの動画を視聴するためには、お手持ちのスマートフォンやタブレット端末のバーコードリーダー機能、または二次元コード読み取りアプリで本書に表示されている二次元コードを読み取ってください。

YouTube にアップされている動画を見ることができます。

メイン・連続写真

トレーニングする上での心構えやコツ、フォーム上の注意点をアドバイス。しっかりチェックしてレースに挑戦しよう！

連続
接地するたびにパワーポジションで止まる
パワーポジシ
1台ずつできるようになったら次は連続で跳び越える
上体がふらつかないように腹筋を締めて行う
POINT 1 安定したポジションでピタッと止まる
上体を前に傾かせすぎたり、お尻がねじれたりするのはNG。力を最大限に発揮できるパワーポジションを確認する
プラス1アドバイス
ミニハードルの応用編 横向きで跳び越える
応用として横を向いてミニハードルを越えていく方法もある。ブレやすいため、接地したときにきちんと止まる必要がある
CHECK
自分の
を見つけ
41

POINT

「コツ」の理解度をアップするための大きなポイントを提示。読み進めることでコツが身につく流れとなっている。

プラスワンアドバイス

コツやテクニックに関するプラスアルファな知識、動作などを写真やイラスト、図表などでレクチャーする。

※本書は2019年発行の『タイムをもっと縮める！陸上競技　スプリント　最速トレーニング』を元に、動画コンテンツを追加し、書名と装丁の変更を行い、「改訂版」として新たに発行したものです。

Contents

NISHI
3
NISHI
2
NISHI
1

PART5 スプリンターのコンディショニング

PART1
スプリンターとして成長できるコツ

コツ 01

スプリント種目
種目の枠組みにとらわれず競技に取り組む

最初から種目を決めず自分に合うものを見つけていく

短距離には１００ｍ、２００ｍ、４００ｍの種目がある。従来は最初に種目を決めて、その練習だけに取り組むことが多かったが、近年では種目を決めず、すべての種目を意識する傾向があるという。ショートスプリントとロングスプリント、その両方に通じるスピードが出せることが短距離種目には必要と考えられるようになったからだ。

自分の力を発揮できるのが、どの種目か迷ったら、まずはすべての種目にトライしてみよう。そうすることで、得意不得意が見えてくる。そこから弱点を克服しつつ、得意なところを伸ばすことで、自分に合ったスプリント種目を見つける。

POINT 1 100mは素早くトップスピードを上げる

短距離種目の中で最も距離が短くて、スピードを必要とする100m。スタートしたら前傾を保ちながら加速し、徐々に上体を起こしていき、50m付近でトップスピードに乗る。スタートだけでなく、速いピッチを刻むことを意識すると、スピードアップにつながる。

POINT 2 200mはカーブの走りを自分のものにする

200mを速く走るためには、カーブをいかにスムーズに走るかがポイントになる。200mのうちカーブ区間は120m。カーブでは遠心力がかかるので、左脚と右脚の動かし方の違いを理解することで、コーナーリングがスムーズにできるようになる。

POINT 3 400mはペース配分と持久力も重要

速さだけでなく、持久力や心肺能力、ペース配分なども必要とする400m。短距離種目の中では最も過酷といわれているが、その分やりがいのある種目でもある。スピード練習と長めの距離の練習の両方をうまく取り入れることを意識してみよう。

プラス1アドバイス

リレー練習を積極的に取り入れて走力アップ

世界トップレベルの結果を出している日本のリレー。100m × 4と400m × 4があり、短距離種目が得意な選手にとっては、挑戦してみたい種目でもある。バトンパスの練習をプラスし、チーム一丸となってトップを目指そう。

コツ
02

スプリンターの適正

体格にあった自分らしい走りを意識する

スプリンターの適性を理解して練習に取り組む

身長の高さや筋肉のつき方など、人にはそれぞれ個性がある。それと同じように、スタートがうまい選手もいれば、スピードを維持することが得意な選手もいる。

自分の得意なところを生かせる種目を選ぶためには、１つの種目にとらわれ過ぎないようにすること。自分の適性を知り、効率よく記録を伸ばしていこう。まずは１００ｍ、２００ｍ、４００ｍすべてにチャレンジすることで、自分の得意なことと不得意なことをみつける。次に得意なところを伸ばしながら、弱点を改善するための練習を取り入れることでスピードアップを目指してみよう。

POINT 1 小柄な体格で瞬発力があり スタートが得意

身長が高くなく、小柄な選手はピッチを速くすることができる。ピッチを細かく刻んで高いトップスピードを出せるようにしよう。得意のスタートや瞬発力を生かすなら100mにチャレンジするのも方法のひとつ。後半の減速を抑えるために、ストライドも意識する。

POINT 2 長身でがっちり体形は 後半のスピード維持がしやすい

身長が高いと脚が長く、1歩で進む距離が大きいので、歩数が少なくなる。その分楽に走ることができるため、後半のスピード維持がしやすくなる。カーブの走りも練習に取り入れて、200mにチャレンジしてみるのも手。直線と遠心力を使ったカーブの走りを、身体で覚えよう。

POINT 3 細身で筋肉質ではないが 持久力には自信がある

持久力があるなら、短距離種目の中で一番長距離を走る400mにチャレンジしてみよう。過酷といわれる種目だが、トップスピードに持っていくタイミングやスピード維持、ペース配分を意識することで、スピードアップすることができるので、やりがいのある種目だ。

プラス1アドバイス

自分の体型を知り 長所と短所を理解する

小柄の選手はピッチを細かく刻める傾向にある。大柄の選手は手や脚が長いので、ストライドを大きく取れる。自分の体型は短距離走に合っているのかと考える前に、まずは長所と短所を理解することから始めよう。

コツ 03

トレーニングの種類
目的やテーマにそってレベルアップする

体のコアな部分を意識してトレーニングにのぞむ。

体幹の筋肉強化を自分の走りにつなげる

短距離種目に必要なトレーニングはいろいろある。よりスピードアップするためには、全身の筋力をしっかり鍛えるようにしよう。特に身体の中心、コアな部分を鍛える。

トレーニングの際は、ただそのトレーニングをこなすのではなく、お腹を固めて行うと効率的に体幹も鍛えることができる。歩くとき、アップのとき、各種トレーニングなど、すべてにおいて、お腹を固めながら行ってみよう。体幹は、身体のバランスをとるためにも重要で、地面に接地したときは、パワーポジション（地面に最も力を加えられる姿勢）ができていることが理想だ。

POINT 1

基本のトレーニングはより良い動作づくりにつながる

短距離種目は、体幹のブレを防いでバネのある身体をつくることが必要。そのためのトレーニングは多くあるが、基本となる動作づくりを繰り返し行うことが大事だ。より速く走るためには、まず身体の中心でもある骨盤まわりの筋肉にスイッチを入れる。

POINT 2

地道な練習を繰り返し体幹をしっかり鍛える

体幹を鍛えるためには、自体重によるトレーニングなどを行うのがおすすめ。自分の体重だけなら、安全にコアな筋肉から細部にわたる筋肉までを鍛えることができる。また、ついた筋肉はトレーニングをやめるとすぐに落ちてしまう。繰り返し行うことが大事だ。

POINT 3

スタート、加速、スピード維持全てに必要なトレーニング

短距離走を分割して考え、それぞれに必要なトレーニングを取り入れる。体幹トレーニングのメニューはもちろん、目的やテーマにそった種目ごとの練習メニューを繰り返し行うことで、よりスピードアップできるようになる。

プラス 1 アドバイス

中心が強くて末端が緩んでいることが理想

トップ選手に共通しているのは、身体の中心である体幹が強くて末端が緩んでいるということ。手や脚がムチのようにしなって動くイメージだ。肩に力が入りすぎない走りができるようになると、スピードも自然とアップしてくる。

コツ 04

トレーニングの原理とメカニズム

練習では試しながらより高みを目指す

1年を通していつでも走れる身体づくりを心掛ける

シーズン中は試合中心で、シーズンオフにはスピードを落としてトレーニング量を増やす組み方もあるが、スプリント種目はシーズンによって練習メニューを変えないという考えもある。1年を通して高いスピードを維持することができるように、練習メニューを組み立てよう。

たとえば暖かい時期はレースや実戦的なメニューを多めにし、寒い季節は暖かい室内などの練習を多くし、スピードを落とさないように工夫する。季節関係なくスピードの高い練習を行い、いつでも自己ベストを出せるような状態を保てる身体づくりを目指そう。

POINT 1 あらゆるトレーニングで身体適応能力を高める

飯塚選手は、寒い冬季も有効にトレーニングを行うため、国内だけでなく海外などでもトレーニングを行う。短距離選手がほとんど取り入れてこなかった高地トレーニングも試みている。

POINT 2 身体のメカニズムを理解してスピードアップを求める

短距離選手は１年を通してスピードを維持することが大事だ。休養を取り、身体を休めることも大事だが、シーズンオフだからこそ試せることもある。たとえ短時間でも、試せるトレーニングを積極的に取り入れることで、スピードアップを目指そう。

POINT 3 他のスポーツのトレーニングにも挑戦する

速く走ることは、陸上競技以外のスポーツでも必要とすることが多い。「サッカーや野球の選手はどんなトレーニングを行っているのか？」など興味を持ち、実際に試してみることもおすすめ。普段のトレーニングでは気づかなかったヒントが見えるかもしれない。

プラス１アドバイス

トップ選手は受け身よりチャレンジ精神旺盛！

「あのトレーニングをやってみたい」「ここを鍛えるために何をしよう？」など、トップ選手はコーチと相談しながら、どんどん新しいことを取り入れている。チャレンジ精神旺盛になることは、より良い走りつながると考えられている。

スプリンターとして成長できるコツをトップ選手から学べ！

チャレンジと失敗を繰り返して
スプリンターとして成長する

ジュニア時代からトップ選手として活躍してきた飯塚翔太選手は、中央大学進学後に一気に才能を開花させ、世界で活躍するオリンピアンまでに成長した。その飛躍の裏には「チャレンジと失敗」を繰り返しながらも、常に考え向き合おうとする飯塚選手の努力と豊田コーチ、友岡和彦トレーナーらのサポートがあった。

「練習で受け身にならない」チャレンジと失敗は記録を伸ばす財産

——飯塚選手がウエイト（体幹）トレーニングを重視するようになったきっかけは？

飯塚　世界大会に出たときに、自分よりデカい、速い選手しかいなかったので、伸びしろのひとつとしてフィジカル面を充実させようと考えました。

豊田　飯塚は高校までは体格のわりに筋力が弱く、左右のバランスも悪かったので怪我をしがちで。海外でパワー不足を感じ、友岡さんに2011年からみてもらうようになりました。

友岡　最初は通常のウエイトトレーニングで、スクワットなどの下肢のパワーアップを試みて、それでスタートがよくなったんですよ。

豊田　スタートの局面から一次加速くらいまではかなりよくなりました。

友岡　でも飯塚選手から、スタート局面は良いんだけど、ウエイトで膝を曲げて力を発揮する動作が多かったため、加速局面からトップスピードになる局面で、接地時に膝を曲げて沈んでしまう感覚があると。そこで体幹をふくめ、下肢を固められるようなトレーニング内容に変更しました。

豊田　ウエイトを取り入れスタートは速くなったけど、その後の走りに連動しにくかったのは、失敗といえば失敗です。そこから学んで試行錯誤し、進化していくことが大切ですね。

——失敗をして改善できたことがいろいろあるんですね。

友岡　1年目に走る時期と冬場のトレーニング時期を分けてしまったら、パワーはついたけど走りとかみ合わず。翌年から、スプリント練習とウエイトトを平行して行い、身体に馴染ませていきました。

飯塚　午前中に走って、午後にウエイトと両方やりました。しっかり走れるようなボリュームに、ウエイトは調整しました。それから、膝が曲がる感じがなくなり自然に走れ、リラックスできるようになったんです。

——走りに生かすためのトレーニングのポイントは？

豊田　力を発揮するのは片脚で接地している、0.08秒くらいの一瞬だけ。いかに接

地で大きい速い力を発揮できるか、片脚のトレーニングが重要です。それ以外の浮いているときはリラックスというのがポイントだと思います。

飯塚　一瞬で力を抜くことができないと、空中でもずっと力を使い過ぎてロスになってしまう。トレーニングするときも、走りのイメージを持つこと。スクワットも全身力むのではなく、上半身はバーベルを軽く支える程度です。力を入れるのは簡単でも抜くのが難しいんですよ。

友岡　野球もゴルフも、トップアスリートは、みんなそこが重要だといいます。良い選手は力みがないんですよね。

　それと、走りに必要な動作を鍛えることが肝心です。なので、ハムストリングカールなどはシーズンに近い時期はやりません。走っているとき、腿の裏側は遠心力や惰性に任せて動くので力を入れる必要がないんです。このようなトレーニングを繰り返すことで動きが染みつき“かく”動作を覚えてしまうんです。結果的に使わない筋力が発達して、走りを妨げてしまうこともあります。

飯塚　ハムストリングをカールするようなトレーニングは最近ほぼやりませんね。走りのイメージとは違うので。

友岡　末端に力みがあるとケガもしやすい。ムチみたいな動きが良いんですよ。デンデン太鼓のように軸がしっかりしていて、末端は惰性で柔らかく動く。

飯塚　そういう身体の使い方の方が自然で関節の負担が少なく、速く動けるんですよ。あと、脚が外側に開いて負担がかかりケガすることが多かったんですが、内転筋を意識して強化してからはケガが少なくなりました。

友岡　より拇指球で押せる感じになって足に力も伝わるんですよ。

体幹の筋肉を固めて手脚をしならせる

——ほかにスプリンターとして重要視している動きやトレーニングはありますか？

友岡　脚は肩甲骨から生えているイメージを持つと良いと感じています。ムチは長い方がしなって、力強いじゃないですか。

飯塚　速い選手はみんな肩甲骨をうまく使えていますね。

友岡　ウサイン・ボルトも肩甲骨を縦に揺らすような大きな動きがあるんですよね。脚の動きとの連動がしっかりしているんです。

飯塚　あとは、やはり速い選手はみんな接地時間が短いですね。

豊田　その通り。接地のときに膝と足首が固まっていて、地面からの反発をうまく利用して走っていますよね。トップ選手は足首のはい屈が硬い（地面に踵をつけたましゃがめない）人が多いんです。

飯塚　僕もぜんぜんしゃがめないんですよ。

友岡　飯塚選手も筋肉に電流を流して筋肉を固め、腱が動きやすくなった状態でジャンプするトレーニングを取り入れていましたが、反発が大きくなり高く飛べるようになっていましたね。

豊田　筋肉は使うというより、固めるという感じ。

友岡　走りは腱の伸び縮みなんですよ。だから、筋肉を固めてホールドするエクササイズが重要になってくるんです。

豊田　身体が硬くても動作が柔らかければいいので、力を入れるところとリラックスを使い分けることが大切です。

飯塚　トレーニングでプレートなどの重さを利用して感覚を身体が覚えられるようになり、段階を踏んで、何もない状態で力を入れたり、抜いたりできるようになりました。

――今まで取り入れたトレーニングで効果が大きかったと実感していることは？

飯塚　腹式呼吸で体幹部の安定感が出てきたのが大きいです。ウエイトをやるときも絶対呼吸からはじめますね。脚も上がりやすくなりました。

友岡　脚の筋肉を使わずに、お腹の筋肉を使うと軽く上げられるんです。それと、最近は上半身の筋肉もつけていますね。

飯塚　そうですね。脚が強くなり地面から反発はもらえるんですけど、身体を前方にちゃんと移動させるためには上半身を使って抑えないと身体が浮いてきちゃうんです。そのために上半身も鍛えています。

友岡　スピードのある選手じゃないとわからない感覚ですね。

飯塚　飛んでいる状態を上ではなく、前に持っていかないといけないので。

豊田　上半身と下半身をうまく連動させるため、すべての動作においてお腹が締まるのが理想的です。そのためにも、腹式呼吸は重要ですね。

飯塚選手が考える練習へのモチベーション

——いろいろなトレーニングにチャレンジするコツはありますか？

飯塚　練習内容は何でもいいと思いますが、まずは取り組む気持ちですね。この練習が良い！と思えば意味のある練習になるし、これがダメだと思えば吸収できません。

とくに若いときは自分の身体を理解することは難しく、どんな動きをしているのかわからないので、指導者に対して自分の状態をしっかり話して主張したり、どんな動きになっていますか？と聞いたり、受け身にならないことが大切です。

力んでいるとか、手をすごく握って走っているとか、誰が見てもわかると思うので、チームメイトやコーチに言ってもらう。1人でやるのは大変なので、みんなで理想の走りを作っていくくらいの気持ちで取り組むことですね。

豊田　それと野球、テニス、サッカーなどあらゆる競技の人と交流して、練習内容を聞いてみて試してみるのも良いですね。

飯塚　いろんな部活の子に聞いてみて。走るだけがトレーニングではないので。練習動画はインターネット上などでもたくさん見られるので、参考になります。

豊田　飯塚も、友岡さんに野球やゴルフのトップアスリートが集まるハワイ合宿に連れて行ってもらい視野が広がりました。

飯塚　身体を鍛えにいく目的だったのに、すごく良い出会いがありました。スポーツをみんなでがんばっていこうという思いにもなり、刺激をもらっています。

豊田　友岡さんの紹介で、大相撲の高砂部屋で朝稽古に参加させてもらい、四股を踏み、体重の乗せ方を学んだこともありますね。

友岡　四股も股関節や肩甲骨が大切で、押しの動作にもヒントがありました。

豊田　横綱の貴乃花は、身体の中心だけ力が入って末端には力が入っていないから脚が上がると聞いて、とても参考になりました。

飯塚　意識しすぎると末端まで力が入ってしまうので、簡単なことにポイントを絞って意識するようになりました。

——今後のトレーニングではどんなところを強化していきますか？

飯塚　接地する時に今まで以上に短い時間で大きな力を出し、トップスピードを上げることに尽きます。僕は身長が高いのですが大きな動きでもトップスピードに乗っていけるようにするのが課題です。

豊田　接地のときにより大きな力を出し、少しでもストライドが伸びればトップスピードが上がり、より速く走れます。

新しいチャレンジから自分に合うものを見つける

――冬場にメキシコでの高地トレーニングを取り入れたのも、トップスピードを上げるためですか?

豊田　高地では心肺機能を高めるよりも、速く走れる感覚を身に着けたくて練習しています。

飯塚　高地は気圧が低く、抵抗も少ないので平地よりも速く走れ、理想の走りができるんです。冬場でもトップスピードを磨けました。

　2年前まではシーズンが終わると、いちどスピードレベルを下げた練習を行い、寒い時期はスピードを落としていました。それは四季がある日本の習慣で、海外の選手は一年中スパイクを履いているんですよ。

　国内で寒くてもしっかりウォーミングアップすれば走れるので常に質を求め、1年中試合に出られるような状態にしたいです。海外練習はいろいろな負担もありますが、すべて完璧な環境やトレーニングはないので、自分がどこを大事にするかですね。

友岡　自分に合うトレーニングは、人それぞれ違うから。

豊田　人にアドバイスを聞くのももちろん大事だけど、最後は自分で見つけられれば良いね。

――では、最後に飯塚選手から次世代スプリンターたちにメッセージをお願いします。

飯塚　僕の目標は、世界選手権とオリンピックで、個人で決勝に残り上位にからむこと。リレーはもう1度メダルを取りたいです。

　その後も1回くらいオリンピックに出たいと思っているので、今の中高生と一緒に走りたいですね。ずっと長くトップでやろうと思っているので、いっしょにがんばりましょう!

PART 2 スプリンターのためのフォームづくり

PART 2

コツ 05

フォームの重要性

スピードアップを実現するためのフォームづくり

無駄な動きを省き効率的なフォームで走る

スプリント走のフォームは、陸上競技の中でも比較的シンプルで、基本的には誰でもできる動作である。だからこそ難しい技術を習得するというより、無駄な動きを省き、効率のいいフォームを身につけることが、より良いタイムを出すための近道になる。

100mや200mでは、レースの中でスタート、1次と2次の加速、スピード維持、フィニッシュといった局面がある。それぞれの局面に適した走り方を身につけ、それらを合わせて理想的なレース展開に持ち込もう。スピードアップには特効薬はない。地道なトレーニングを経て実現できる。

POINT 1 スピードとは ピッチ×ストライド

スピードとは、ピッチ（脚の回転数）×ストライド（歩幅）のこと。ピッチとストライドは、どちらかを上げようとすると、もう一方が下がってしまいやすい。いずれかのレベルを下げないままでピッチ、あるいはストライドを高められるように取り組もう。

POINT 2 各局面に合った 走りを身につける

スタートでは接地時間を長く、地面をしっかり押しストライドを意識する。次の加速局面ではピッチを上げて、徐々にスピードを上げていく。トップスピードまで上がったら、それをできるだけ長く維持する。終盤はどうしてもピッチが減少してしまうので、その落ち幅を少なくすることを目指す。

POINT 3 200 mや400 mの選手は カーブ走の対策も

200 mや400 mになると、カーブを走る局面も加わってくる。カーブでは内側から外側に向かってかかる遠心力の対策もしておく。体の軸を内側に傾けて外側に飛ばされるのを防ぐこと。傾けすぎてもスピードを出せない。脚は左脚が方向転換、右脚で推進力を生み出す。

プラス 1 アドバイス

「体幹を締める」ことで 効率のいい走りに

スプリント走では、腕や脚の動かし方とともに「体幹を締める」ことが重要。それによって身体の中心から大きな力を発揮でき、効率よく身体を前に運ぶことができる。胸部、骨盤のポジションを整える「リアライン」という器具を使って体幹を整えている選手もいる。

PART2

コツ +α

200mレースの展開 前半のカーブ局面をうまく攻略する

スタートから50mまでにしっかりスピードを上げる

　スピードが上がる段階は100m走とほぼ同じで、50〜60mあたりでトップスピードを迎える。ただし、スタートから前半はカーブ局面になり、内側から外側に向かって遠心力がかかる。左脚は方向転換の役割を担い、スピードスケートのコーナーリングのイメージで左脚に体重を乗せ、右脚で内側に向かって蹴るようにして走る。

　カーブでは上体を内側に傾けて走るが、傾けすぎないことがポイント。50〜100mはスピード維持を心掛け、苦しさが増す後半の100m以降はピッチが落ちないように体をコンパクトに、クイック動作を意識しよう。

コツ
+α

400mレースの展開

スピードをできる限り維持して走る

勝負を決めるのは 200~300mの走り

トラックを1周する400mは、スタートからゴールまでを全力で走り切ることはできない。スピードが上がる段階と50mあたりでトップスピードを迎えるのは、100m走とほぼ同じだが、そこからスピードを維持する「スピード持久力」がどれほどあるかがが結果を大きく左右する。

50~200mまではリラックスした大きな動きを意識し、カーブ局面を迎える200~300mまではピッチを上げて再加速するイメージ。勝負を決めるのは、ここの100m。ラスト100mは上半身も使ってストライドを伸ばしてスピードの低下を最小限に抑える。400mでも絶対的なスピードを持った選手が有利だ。

PART2

コツ06

スタートのポイント
接地時間を長く地面を押す

スタートの合図とともにしっかり蹴る

両手を肩幅ぐらいの広さで地面につく

前脚のヒザは90度ぐらい 最初の2歩はすり足気味に

「オン・ユア・マークス（位置について）」では、両手を肩幅ぐらいの広さで地面につき、肩から先の腕と頭はスタートするまで一切動かさないように固定しておく。「セット（用意）」で腰を上げるとき、前脚の膝が90度ぐらい、後ろの膝が１２０～１４０度になると、スタートの瞬間に最も力を入れやすい。手または足のどちらかに重心をかけすぎないのがポイントだ。

合図とともにブロックをしっかり蹴り、目線を落としたまま、最初の2歩は浮かせずにすり足気味に最短距離をとる。8歩目あたりまでは接地時間を長く、地面をしっかり押すことを意識する。

目線は上げず、少し前に向ける

肩から足首が一直線になっているのが理想

最初の2歩は浮かせずにすり足気味に

POINT 1 スターティングブロックの使い方

ブロックの足を置く位置はセット時の膝の角度を目安にする。どちらの足を前にするかは両方を試してから決める。

POINT 2 前脚の膝は直角 後ろの膝は120〜140度

「セット」では、前脚の膝が90度ぐらい、後ろの膝が120〜140度になると、スタートの瞬間に最も力を入れやすい。

PART 2

コツ 07

2段階で加速してトップスピードに上げる

1次・2次加速のポイント

目線を上げず、斜め下に

大きな動きで身体を前に運ぶ

約20mまでが1次加速 約40mまでが2次加速

スタート後は、1歩1歩を大きく押してすばやく速度を立ち上げる「1次加速」と、そこからトップスピードへとつなげる「2次加速」の局面に入っていく。スピード＝ピッチ（脚の回転数）×ストライド（歩幅）であり、1次加速ではストライドを大きくして体を前進させることを、2次加速ではピッチを上げることを意識する。

100m走でも400m走でも、スタートから約20mまでが1次加速、40mまでが2次加速の局面になる。トップスピードに上がってから残りの距離をしっかり走るためには、加速局面で力を出し切らないことが重要だ。

2次加速は目線を前方に向ける
徐々にピッチを速めていく

POINT 1 1次加速は自転車のこぎ始めのイメージ

腕振りを含め、大きな動きを心がける。スタートからの流れで適度な前傾姿勢を保ち、目線は斜め下に向ける。

POINT 2 2次加速は力まずにスピードを高める

スピードに乗ってきたら脚の回転を速くし、腕振りもコンパクトにしていく。徐々に上体を起こし、視線を前方に向ける。

コツ 08

スピード維持・フィニッシュまでのポイント

点で着くイメージで接地時間を短くする

腕振りはコンパクトに

スピード維持局面ではリラックスする

トップスピードを維持し終盤の失速を抑える

加速局面を経て、50mあたりでトップスピードを迎える。スプリント走は、ここからできるだけスピードを維持することを目指すが、実際にはスタートの7秒前後からスピードは落ちていく。この「速度逓減率」を抑えることが好タイムのカギを握る。レースで強い選手が後半に伸びているように見えるのは、速度逓減率が低いからだ。

スピードが上がれば上がるだけ接地時間は短くなる。地面を蹴ろうとすると、接地時間が長くなってしまい脚が流れてしまうため、接地はすばやく点で着くようなイメージがいい。他のレーンは意識せず、上体をリラックスさせて、腕振りはコンパクトに行う。

他の選手は気にせず、自分の走りに集中する
地面を蹴ろうとしない
接地時間を短くする

POINT 1 接地時間を短くするとスピードが上がる

スピードが上がれば上がるほど、接地時間が短くなる。逆に言えば、接地時間を短くすることでトップスピードが上がる。

POINT 2 フィニッシュは少し先まで走り抜ける

早くフィニッシュしたいと思うと、フォームが乱れやすい。ゴールラインの少し先を見ながら走り抜けるイメージで。

コツ 09

ヒザ立ちからの脚上げトレーニング

腸腰筋ですばやく片脚を引き上げる

すばやく片脚を前に踏み出す
体幹を締める意識で行う
TOYO TIRES

動画をCHECK!

両立て膝の体勢から すばやく片脚を踏み出す

腸腰筋で脚を引き上げるトレーニング。へそから脚の付け根をつなげている腸腰筋は、太ももを前に振り出す役割があり、この動きをすばやくすることでピッチを上げられる。ここでは振り下ろす動きは考えるは必要ない。

両膝を地面につけ、頭から上体、お尻、膝までがまっすぐになっている姿勢から、上体がブレないように、できるだけ速く片脚を前に踏み出す。このとき同じタイミングで逆側の腕も前に振り出すと、走りのフォームに近づく。体幹は締め、踏み出すときに上体がふらつかないようにしたい。ある程度できるようになったら、逆脚も同様に取り組もう。

SIDE
目線を下げずに前方を向いたまま手と脚を動作する
頭から上体、お尻、膝までをまっすぐに

POINT 1 逆の脚も同様に積極的に取り組む

逆側の脚でも同じように行う。どこでもすぐにできるトレーニングなので、積極的に取り組んで習慣化させたい。

POINT 2 上体をふらつかせず安定させる

脚を踏み出したときに上体がふらつかないこと。体幹を締める意識で行うと、上体を安定させることができる。

コツ 10

ボックスジャンプ
跳び乗ってパワーポジションを確認する

両足

片足で着地。パワーポジションで止まる

振り上げる腕の反動を使い、両足でジャンプ

動画をCHECK!

CHECK!

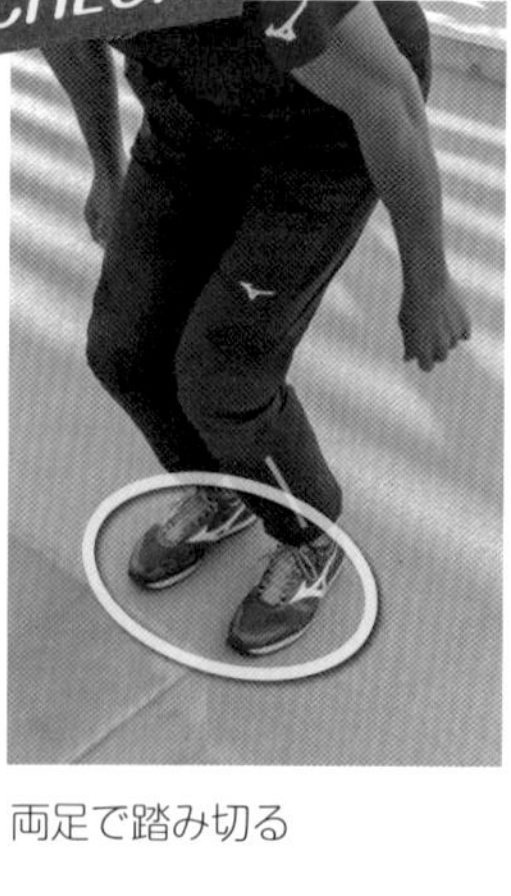

両足で踏み切る

片足で着地してピタッと止まる

両足ジャンプでボックスの上に跳び乗り、片足で着地してピタッと止まる。パワーポジションを確認するのが狙いだ。ボックスは高すぎると、跳び乗ることだけで精一杯になってしまうので、適度な高さでよい。どちらの足でも着地できるようにする。

片足立ちで重心を低くする
腕を振り上げ、片足で地面を蹴る
片足
片足で着地。ピタッと止まる

片足で踏み切り片足で着地する

両足ジャンプの次は片足ジャンプ。右足で踏み切ったら右足で、左足で踏み切ったら左足でボックスの上に着地する。苦手な脚がないようにしたい。跳び乗ったら同じようにピタッと止まる。パワーポジションの姿勢は、横から見たとき、頭、膝、足首までが一直線になるのが理想だ。

CHECK!

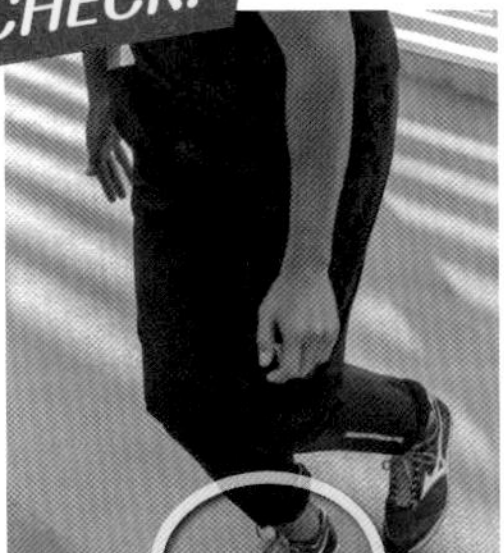

片足で踏み切る。着地は同じ足で行う

PART2

コツ 11

ミニハードルで片脚ステップトレーニング

正しいパワーポジションを身につける

一台ずつ
パワーポジションで止まる
上げた脚のかかとを接地している脚の膝に近づけると安定する

動画をCHECK!

1歩ずつ接地するたびにパワーポジションで止まる

走るときの接地は必ず片脚で行い、両脚で接地する局面はない。接地した瞬間にいかにバランスを崩さずに地面に力を加えられるか。それを磨くために並べたミニハードルを片脚ジャンプで越えて着地しながら進む。1歩ずつ着地するたびに最大限に力を発揮できる「パワーポジション」で止まる。

CHECK!

自分のパワーポジションを見つけよう

連続
接地するたびにパワー
ポジションで止まる
1台ずつできるよ
うになったら次は
連続で跳び越える
上体がふらつかないように
腹筋を締めて行う

POINT 1 安定したポジションでピタッと止まる

上体を前に傾かせすぎたり、お尻がねじれたりするのはNG。力を最大限に発揮できるパワーポジションを確認する

プラス1アドバイス

ミニハードルの応用編 横向きで跳び越える

応用として横を向いてミニハードルを越えていく方法もある。ブレやすいため、接地したときにきちんと止まる必要がある

コツ
12

上体のバランスを崩さずに接地する

バーを使ってサイドステップトレーニング

片方の脚でふらつかずに立つ
バーの動きに合わせて足を蹴る
動画をCHECK!

バーを振り上げる勢いで サイドステップで前進する

ミニハードルで行ったパワーポジション確認の別バージョン。体の前で持ったバーを横に振り、その勢い（遠心力）に負けないように左右交互にサイドステップしながら前に進む。着地したときはパワーポジションとなり、一瞬ピタッと止まることが大切。

バーを持つのは、外側への遠心力をつけて、負荷をかけるため。タオルなどを代用してもいい。最初のうちは1回ずつ止まってパワーポジションを覚えることに集中する。徐々にポンポンポン…とリズムよく跳んでいき、意識せずにパワーポジションが作れるようにする。

意識せずにパワーポジションを作れるのが理想
前進しながら逆方向にステップ
逆の足で接地し、パワーポジションで止まる

POINT 1 パワーポジションでピタッと止まる

接地したときに一瞬ピタッと止まり、フラフラしないようにうまくバランスをとる。目線は前に向けておく。

POINT 2 バーの動きに合わせて接地している足を蹴る

バーを横に振り上げるタイミングに合わせて、接地している足を蹴ると、スムーズな動きになる。連続してリズムよく跳ぶ。

コツ13

メディシンボールを使ったモモ上げトレーニング

ボールを持って脚の上げ下げを繰り返す

ボールを両手で持って頭上で壁に押し当てる

腹筋周りを締めて体幹がぶれないように

接地したときはパワーポジションを意識する

ボールを壁に押し当てながら脚をすばやく上げ下げする

脚の切り替え動作の向上を目的としたトレーニング。壁の前に立ち、腕を伸ばして頭上で持ったメディシンボールを壁に押し当てながら、ボールから足までをまっすぐにしたまま体を前傾させる。その体勢から左右の脚を交互に上げてステップを繰り返す。ボールを両手で持って行う方法と、より不安定になる片手で持つ方法がある。

ボールを頭上で持つのは、体の中心付近をあえて不安定にすることが狙い。腹筋周りを締めて体幹がぶれないようにしてから、脚の上げ下げをすばやく行おう。お腹が緩んだままで行うと、力が効果的に脚に伝わらない。

すばやく脚の上げ下げを行う。パワーポジションを意識する

空いている腕は走るときのように前後に振る

ボールを片手で持って頭上で壁に押し当てる

POINT ① 空いている腕は前後にしっかり振る

片手でボールを持つ場合、もう片方の腕は脚の上げ下げとタイミングを合わせ、走るときのようにしっかり振る。

POINT ② ボールから足までをまっすぐにする

腕が曲がったり、頭が下がりすぎたり、上体が反ってしまうのはＮＧ。ボールから接地している足までを常にまっすぐにする。

コツ 14

負荷をかけて体幹を意識する

チューブを使ったトレーニング

フォームを崩さないように
走ることがポイント

動画をCHECK!

チューブで引っ張ってもらい体幹に負荷をかけた中で前方に進む

チューブを後方にいるパートナーに引っ張ってもらい、負荷をかけた状態で前方に進むトレーニング。

引っ張られる力に負けないように、腕をしっかり振り、地面を力強く押しながら前に進んでいく。

引っ張る側はチューブをあまり強く引きすぎず、走っている人がフォームを崩さない程度の適度な負荷をかける。

何回か行った後、チューブを外して走ると、軽い力で加速に入れることを実感できる。

POINT ① パワーポジションを意識して走る

接地するときは１歩１歩、パワーポジションを作ることを意識する。引っ張られる力に負けて、フォームを崩さないこと。目線は進行方向を向けたまま、腕振りや脚の上げ下げは大きな動きを心がけよう。ある程度できるようになったら、負荷を強くしてもらうのもＯＫ。より前傾した姿勢を作って走ることになり、２次加速より１次加速の局面に近くなる。

POINT ② 高く弾まないで前方向にスキップ

同じように体にくくりつけたチューブを後方のパートナーに持ってもらい、スキップを行う。スキップは上に高く跳ね上がる動きが一般的だが、ここではできるだけ前方向に進むことを意識したい。接地する際にパワーポジションを決めるのは、走るときと同じ。腕もしっかり前後に振り、全身を効率よく前に運んでいく。

POINT ③ 両腕を上げて不安定な状態で走る

チューブを両手で頭の上で持ち、前方に向かって走る。後方から引っ張られると、チューブを腰などにくくりつけていたとき以上に上体が不安定になる。お腹周りをキュッと締め、体幹をまっすぐ維持してから走るのがポイントだ。接地しているときはパワーポジションを意識し、大きな力を地面に加えながら加速していこう。

PART2

コツ15

スキップ

スキップでパワーポジションを確認する

スキップ①
脚は高く上げすぎず、体の真下で地面をとらえる
スキップ②
上げた脚を前に振り出してから戻す

動画をCHECK!

体の真下で地面をとらえ パワーポジションを確認する

スキップ①（上段写真）は、パワーポジションを確認するのが目的。身体の真下で地面をとらえ、逆の膝を上げたときに支持脚でパワーポジションをとる。上げた脚のつま先が下を向かないように注意し、脚をリラックスさせた状態で前に運ぶ。スキップ②（下段写真）は、スキップ①の動きで上げた脚を前に振り出してから着地させる。振り出したことで重心が前に移動する感覚を養うことが目的だ。

いずれのスキップも、目線が下がったり、姿勢が前かがみになったりしないこと。上体をまっすぐにさせたまま接地することを心がけよう。

しっかりパワーポジション
を確認する
重心が前に移動する
感覚を養う

POINT ① スキップにおける パワーポジション

パワーポジションである最も力を発揮できる体勢をスキップのなかで体現していくことがポイント。

POINT ② 膝下を前に振り出し 重心が前に移動する

スキップ②は、上げた脚を前に振り出してから戻す。振り出したことで重心が前に移動される。その感覚を覚えよう。

PART2

コツ 16

脚の振り下ろし

脚を棒のように動かして乗り込む

脚をすばやく振り下ろす

膝と足首をロックし、脚を棒のように

動画をCHECK!

大腿部を意識しながら体の真下に接地する

「ストレートレッグ」とも呼ばれるトレーニングで、膝と足首をロックした状態で、脚を振り下ろしながら前進していく。膝と足首を固定し、腰の位置を高く保って、つま先は下げずに最後まで上げておく。大腿部を意識しながら、体の真下に脚を振り下ろす。

走るときのように腕を前後に振り、1歩の幅を小さくしてコンパクトに進むと、タッタッタッ…と、リズミカルな前進が可能になる。

膝を伸ばした状態で脚を振り下ろし、足裏全体で接地しながら前進する。膝と足首をロックし、脚を棒のようにして体の真下に接地する。

目線を進行方向に
向けておく
つま先を下げないこと
足裏全体で接地する
イメージ

POINT 1

身体の真下に脚を振り下ろす

膝と足首をロックし、脚を棒のようにして体の真下にすばやく接地。腰の位置を高く保ち、歩幅はコンパクトに進んでいく。

POINT 2

上体を後ろに倒さない

上体が後傾てしまうのは NG。目線を進行方向に向け、軸をまっすぐにした上体を保ってリズミカルに前進する。

コツ 17

ハードルまたぎとハードルくぐり

股関節まわりのインナーマッスルに働きかける

支持脚が決まったら
逆脚を上げる
接地時のパワーポジション
をイメージする

動画をCHECK!

支持脚を決めてハードルをまたぐ

支持脚でしっかりパワーポジションがとれていれば、脚を高く上げてもバランスが崩れることがない。

等間隔で並べたハードルに対して、支持脚を決めて一台ずつまたいでいく。そうすることで、股関節まわりにあるインナーマッスルにも働きかけることができる。

CHECK!

腕振り動作を入れ、支持脚を決めてハードルをまたぐ

ハードルをまたいで
体の真下に接地する
股関節を意識して脚を前へ
体幹が固まっていると
バランスが崩れない

プラス 1 アドバイス

股関節を柔らかく使ってハードルをくぐる

背筋を曲げないように、股関節を柔らかく使って、ハードルをくぐって横移動する。ハードルの高さを「高低高低」にして、またぎとくぐりを交互に行うのも効果的。

コツ 18

バウンディング
弾みながら重心を前に移動させる

勢いよくスタートする
できるだけ遠くに跳ぶ

動画をCHECK!

できるだけ遠くに ボールが弾むイメージで

左右交互に接地し、片脚跳びで前進するバウンディングは、下半身のバネを強化し、ストライドを広げて前への推進力を高める狙いがある。1歩1歩をできるだけ遠くに、ボールが弾んでいくようなイメージでリズムよく跳んでいく。両腕をうまく使うと、バランスを崩さずに前進できる。

このとき高く跳ぶのではなく、重心を前方向に移動させる意識で行う。足の裏全体で接地しないと次のジャンプへとつながらないので、しっかり地面をキャッチし、パワーポジションを作ろう。スピードを上げていくと実際のスプリント動作に近づく。

しっかり地面をキャッチする
勢いを保ったまま次のジャンプへ
高く跳ばずに前に移動する
パワーポジションを意識する
ボールが弾むようなイメージで
腕を振るとバランスをとれる

PART 2

コツ 19

不安定な地面でバランスをとる

全身でバランスをとりながら前進する

１歩ずつ集中して足を踏み出す

接地するごとに一瞬止まって姿勢を確認する

動画をCHECK!

不安定な地面の上を歩いたり跳んだりする

不安定な地面の上をバランスを崩さないように進んでいくトレーニング。1本ずつ歩いていくやり方と、リズムよくジャンプしていく方法がある。不安定なところに接地すると体がフラフラしてしまいがちだが、体幹を締めることで上体が安定する。

ここでは使い古したテニスボールを加工したものを並べているが、砂の上で行ったり、バランスディスクをいくつか置いてそこを歩行したり、跳んでも構わない。スプリント走では、接地する局面でパワーポジションを作ることが何よりも重要なので、しっかり身につけていきたい。

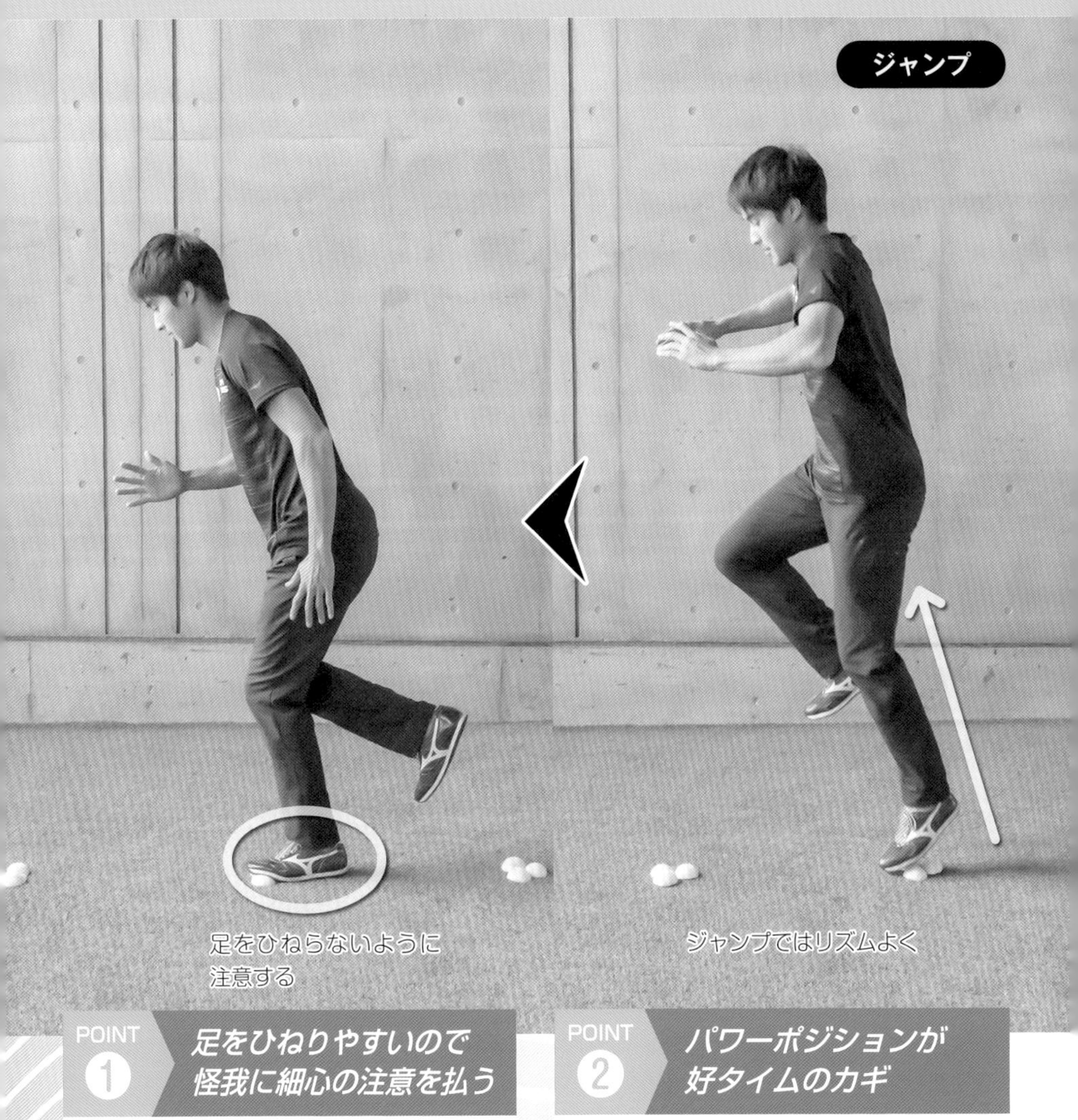
ジャンプ
足をひねらないように
注意する
ジャンプではリズムよく

POINT 1 足をひねりやすいので怪我に細心の注意を払う

不安定な場所に接地するので、足首をひねるなどの怪我をしやすい。１歩ずつ集中し、安定して足を踏み出せるようにする。

POINT 2 パワーポジションが好タイムのカギ

接地したときに正しいパワーポジションを作る。仕上げにボールなしで動作して確かめる。

PART 2

コツ 20

体幹の維持

体幹を鍛えてフォームの効率化を図る

動画をCHECK!

腹筋を締める動きで体幹を安定させる

青竹のような道具を使い、パワーポジションをきちんと作る。不安定なところに足を置き、もう片方の脚を曲げて高く引き上げる。上体をふらつかせないために腹筋周りやお尻を締める。この動きを繰り返すことで体幹が鍛えられ、効率のいい走りのフォームが身につきやすくなる。

CHECK!

片脚を上げてピタッと止まる姿勢がパワーポジション

PART3

スプリンターの体幹トレーニング

体幹トレーニングは練習前に行い、体幹を締めた状態で走るのがコツ。

PART 3

コツ 21

体幹トレーニング

地道に体幹を鍛えスプリンターの能力をアップする

身体の中心を固めてパワーを出す 動きの基本を身に着けよう

スプリンターだけでなく、運動で高いパフォーマンスを発揮するには、お腹まわりの身体の中心部に力を入れて体幹を締め、そこからムチのごとくしなやかにパワーを手足に伝えるのが重要だ。接地のときに体幹の軸がブレないことで、大きなパワーが生まれ、地面からの反発力をもらい速く走ることができる。

体幹トレーニングは地味なものが多いが、毎日の積み重ねで徐々に鍛えられ、走る動作に生きてくる。スピードアップは走る練習だけではなく、体幹トレーニングによって左右されることを肝に銘じておこう。走る前に身体の中心部を固めて、走りに生かすのがポイントだ。

POINT 1 目的や効果を明確にし 理想の走りにつなげる

体幹トレーニングは、一般的な筋力トレーニングと違い、ただ筋肉をつけるものではない。身体の中心部の体幹の土台を作り、走りに生かすために行う。トレーニング中も走っている時に地面からの反発力や推進力を生かせる身体の使い方になっているか意識しよう。

POINT 2 鍛える部位や種類を考え バランスよく行う

体幹トレーニングというと、腹筋に近い動作の前部ばかりを鍛えがちだが、色々なアプローチがある。動いている時の背部や側部との連動や、横方向、回旋時の負荷に耐えられる力をつけるなど意味があるので、いくつかの種類を組み合わせ、バランスよく行おう。

POINT 3 最初はフォームを覚え レベルを調整していく

回数や重さはあくまでも目安であり、最初は無理せず、正しいフォームで体幹をしっかり意識できれば合格。徐々に回数やプレートの重さを増やしていこう。体幹トレーニングで疲労し、満足な走りができないことがないよう、自分に合ったレベルでトレーニングを行う。

プラス 1 アドバイス

シーズン中も行い 練習前に取り入れよう

体幹トレーニングやウエイトトレーニングをオフシーズンだけ行い、シーズン中は控える指導も見受けられるが、いつでも体幹を締め、高いトップスピードで走れるよう、シーズン中も週に 3 回程度行おう。ウォーミングアップで身体の中心部を固め走りに生かすのが大切だ。

コツ 22

片脚ヒップリフト

片脚をあげ尻と背中を鍛えてパワーに生かす

足を骨盤幅にしてつま先を
上げ、腰を持ち上げる

ヒザを曲げたまま、
ゆっくり片脚を上げる
動画をCHECK!

仰向けで手のひらを上にし、ヒザを曲げ、お腹を膨らませて腹部を固めてから、カカトを床に押した状態で片脚を5秒上げる。左右10～15セット行う。ツマ先が外を向かないように注意し、腰を反らさずにお尻を意識して脚を上げる。首は長くする意識で、肩はリラックスさせよう。臀部、背部を鍛えて安定させることで、脚が上がりやすくなり、身体の中心部に近い臀部を強化することでパワーアップにもつながる。

CHECK!

同じ要領で逆脚も行う

コツ
23

サイドプランク
肘と膝を支点に安定させ側部を強化する

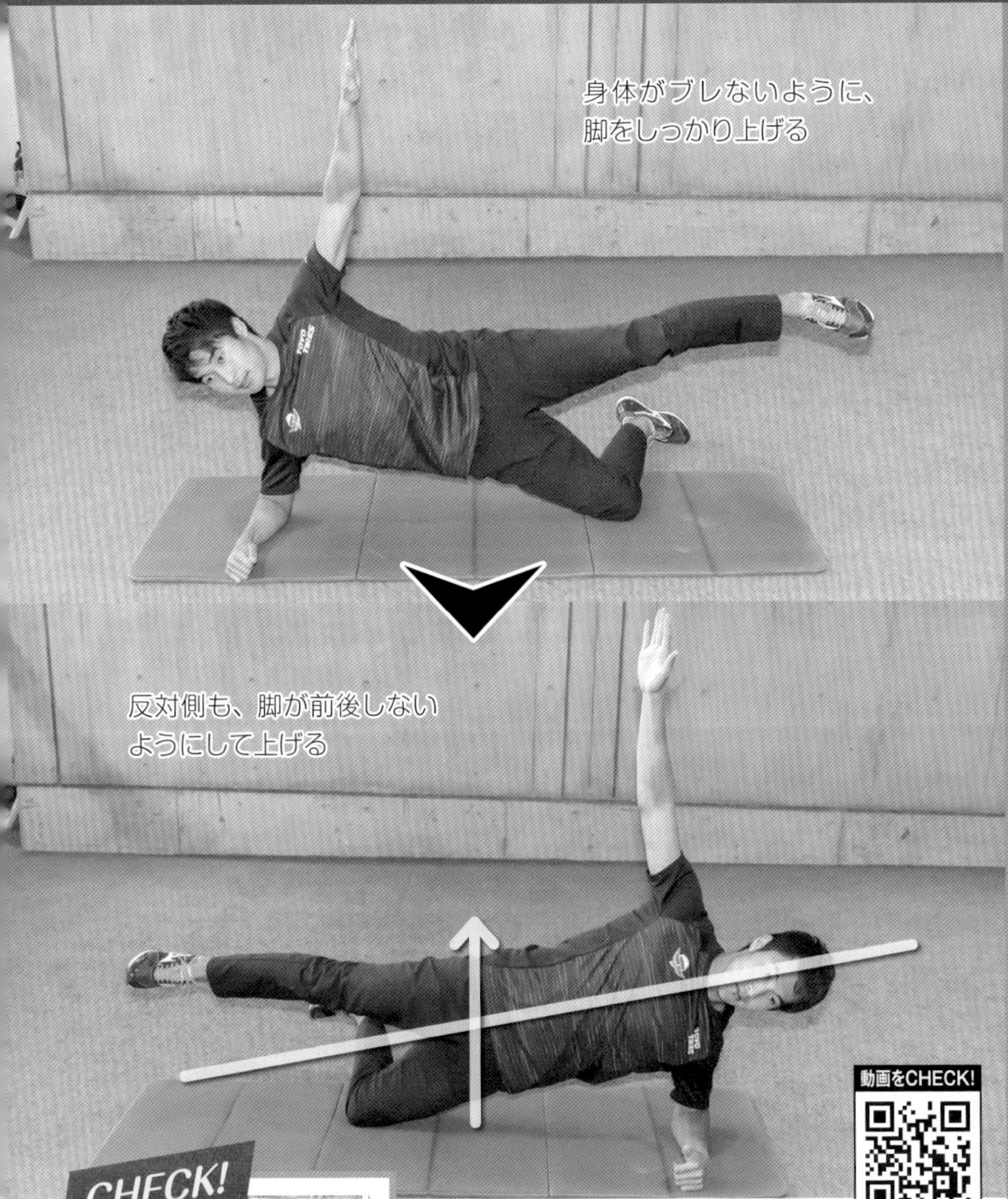

身体がブレないように、
脚をしっかり上げる
反対側も、脚が前後しない
ようにして上げる
動画をCHECK!

横向きになって肘と膝を着き、下の膝を90度に曲げて安定させる。上側の腕はまっすぐ伸ばして天井に向け、脚も伸ばした状態で上方に持ち上げて5秒キープ。これを10～15回行う。腰を反らさずに首を長くし、目線は前方向でバランスを取る。体幹、お腹まわりと、腹斜筋を中心に身体の側部を鍛えることで、横からの力に対して負けない姿勢が取れ、フォームが安定する。お腹は前部ばかり鍛えがちだが側部も重要だ。

CHECK!

真横から見て一直線に

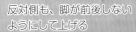

コツ
24

片手フロントプランク
床と骨盤を平行に保ち強い体幹を手に入れる

動画をCHECK!

足を広げた腕立て伏せの姿勢で安定させる

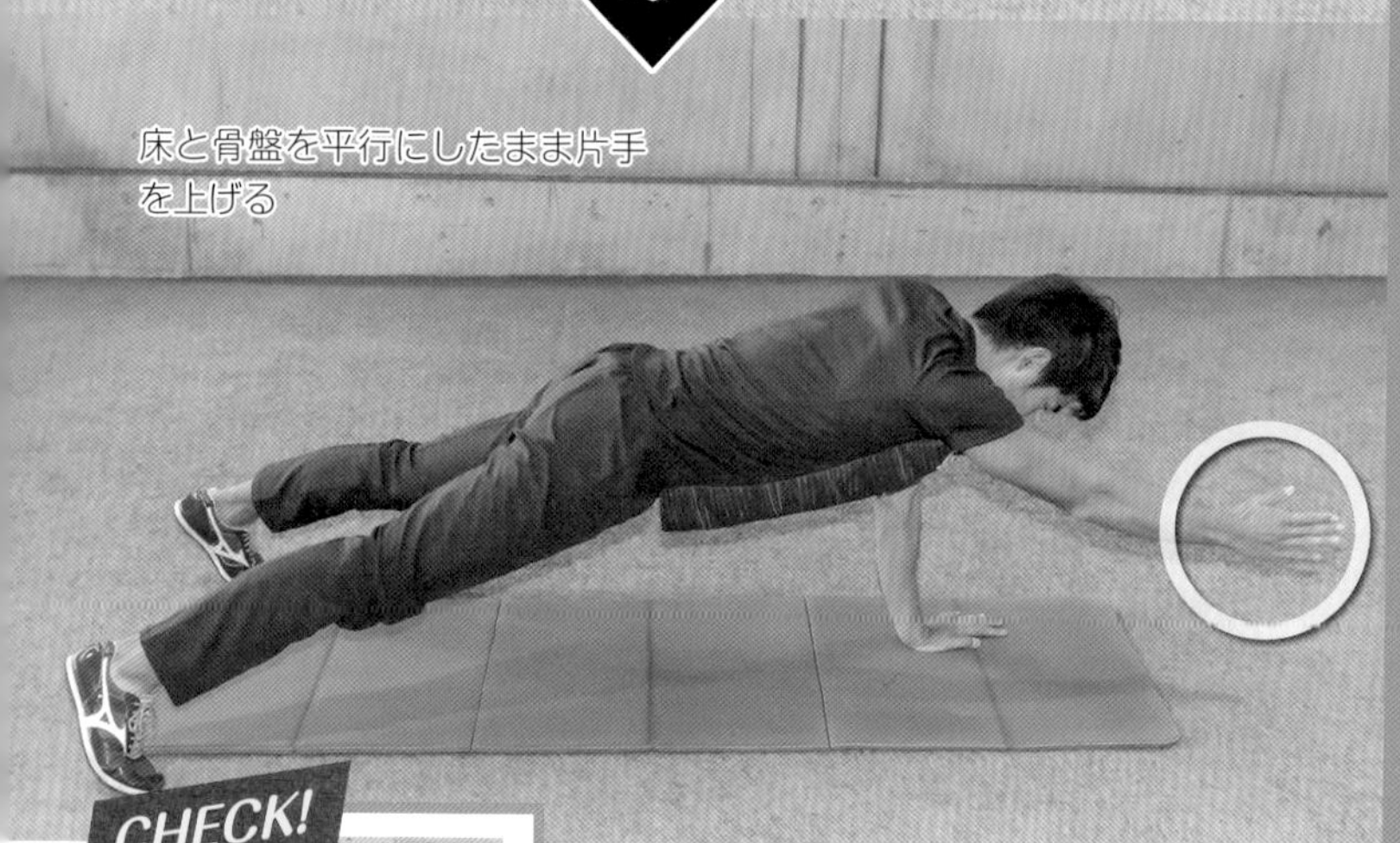
床と骨盤を平行にしたまま片手を上げる

CHECK!

お尻を上げ過ぎないよう注意

腕立て伏せの姿勢で首を長くし、両手は肩の真下で床に着く。中指がまっすぐ前を向くように。足は肩幅より大きく広いてバランスを取る。片手を床から離し、5秒ホールド（交互10～14セット）。目線は下にし、動くのは肩だけだ。ポイントは、手を高く上げなくて良いので、右手を上げた時に右のお尻が上がらないように、骨盤と床が平行になるよう注意すること。意識は常にお腹におき、体幹部の前部を安定させフォームの土台を作ろう。

コツ 25

背骨を1本ずつ床に着け体幹と内転筋を鍛える

アドダクショリバースクランチ

動画をCHECK!
仰向でボールをヒザに挟み
5秒キープ
膝を曲げながら
ゆっくり胸に引
き寄せる
息を吸いながら
顔の前まで膝を
上げる
息を吐きながら
ゆっくりと脚を
戻す
骨盤が床に着いたら
呼吸をリラックス

内転筋を使い膝でボールを挟み、5秒間キープする。その後、息を吸いながら膝を胸の方に寄せる。膝を曲げた状態から息を吐き、お腹をつぶすイメージで背骨を1本1本床に着けて伸ばしていく。骨盤が床に着いたら1度、呼吸をリラックスさせる。8～12回ゆっくり行う。立っている時は脚の外側に体重がかかりやすいが、お腹に力を入れ、脚を内側に締めることにより、しっかりと地面に足を着ける感覚を養える。

CHECK!

背骨を1本ずつ床に着ける

コツ26

側屈して床を踏み、接地時のお腹の硬さをつくる

プレート・スタンディングレッグスイッチ

プレートを持ち上げ、ヒザを上げてスタート

背筋を伸ばし空中で足を入れ替えるイメージ

力強く足を床に着き、逆のヒザを上げる

動画をCHECK!

2.5～5kg程度のプレートを持ち、頭上に持ち上げる。片脚を上げたスタートポジションから足を強く踏み、上げた足を入れ替える。各8から12回行う。足を踏む時は水風船を潰すイメージで力強く。踏んだ時に力を吸収しないようにしっかり反発させることで、走る時に地面からの反発力を生かす感覚をつかむ。ヒザを上げた方にややプレートを傾け、しっかり側屈させるのがポイント。接地のときのお腹の硬さを感じよう。

CHECK!

両方同じように側屈させる

コツ
27

ヒップヒンジ　アームリーチ

身体の中心部を固め走りの基礎をつくる

壁にお尻を着け、腰を引きプレートを持つ
腰を反らさずにプレートを頭の上に上げる
お腹に力を入れたまま、腕を前に伸ばして5秒ホールド
モモの前にプレートを戻し、動作を繰り返す
動画をCHECK!

脚は骨盤幅で股関節を曲げ、お尻が壁に当たる位置に立つ。2.5kg程度のプレートを持ち、肘を曲げ、腰を反らさずにお腹を膨らませて力を入れる。そこからプレートを頭の上方に持ち上げ、肘を伸ばし5秒ホールド。プレートの重さに負けないようにお腹を意識ししっかり支えよう。この動作を8回程度繰り返す。ハムストリングのストレッチを感じながら行い、お腹まわりの筋肉がひとつに合成される感覚をつかむ。

CHECK!

ツマ先、ヒザは真っすぐ前

コツ 28

お腹を固めた状態でお尻を鍛えパワーアップする

ヒップエクステンション&ホールド

動画をCHECK!

股関節をパットの先
に合わせ、プレート
を持つ

上半身を起こし、プレート
を頭の後の方へ

ハムストリングとお腹を
意識し腕を伸ばす

上半身は床と平行で腕を
伸ばし５秒キープ

CHECK!

上半身は床と平行まで上げ、腕はゆっくり伸ばす

背筋台に乗り、股関節がパットの先にくるように調整し、2.5k～のプレートを持つ。お尻を内側に絞って上半身を起こし、ヒジを曲げてプレートを後頭部の上まで持ち上げる。モモの裏側もしっかり意識し、半円を描くように腕を伸ばす。5秒ホールドして上半身を戻す。この動作を8回以上行う。走りの動作で生かせるよう、お腹をしっかり固めた状態で、ハムストリングなどのお尻回りを使えるように意識しよう。

プラス 1 アドバイス

背筋台がない場合は、長椅子などを利用し、2人1組で行おう。脚を押さえる人はケガの防止のため膝に乗らず、モモを押さえる。どちらの場合も腰を反らさないようにし、押さえている人がフォームをチェックしよう。

PART3

コツ 29

脚を入れ替え、体幹の安定性を養う

チュービング抗回旋レッグスイッチ

脇腹の横でチューブを持ち、
横に引っ張る

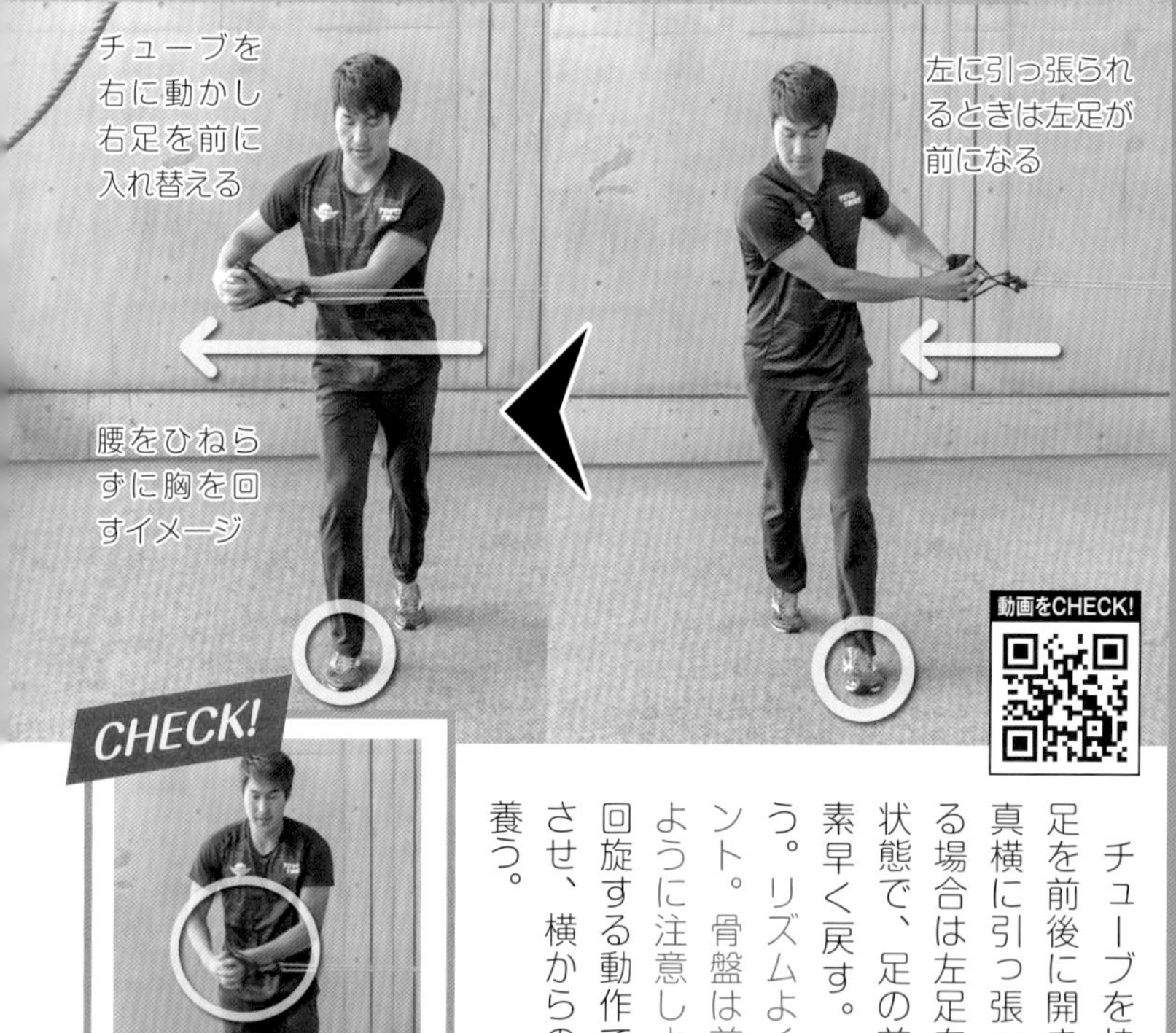
チューブを右に動かし右足を前に入れ替える
腰をひねらずに胸を回すイメージ
左に引っ張られるときは左足が前になる

動画をCHECK!

CHECK!

骨盤を回さず足を入れ替える

チューブを持ち、2人1組で行う。足を前後に開きチューブの先を持ち、真横に引っ張ってもらう。右に回旋する場合は左足を前にし、引っ張られた状態で、足の前後を瞬時に入れ替え、素早く戻す。この動作を15回以上行う。リズムよく、入れ替えるのがポイント。骨盤は前を向いたまま回さないように注意しよう。走りに近い状態で回旋する動作で、体幹を水平面で安定させ、横からの負荷に耐えられる力を養う。

PART4
目的別・種目別のスプリントトレーニング

コツ 30

テーマ別・種目別の練習メニュー

長所を伸ばして弱点を克服する

スプリント走にまぐれはない 着実にレベルアップを図る

スプリント走の最終ゴールは、「可能な限り速く走ること」になる。人間の構造的に、最も速く走れる体の動かし方はあるものの、体格や骨格、筋肉の質や量、心肺機能といった細部は人それぞれ。まずは自分の能力やタイプを知った上で、長所や強みに磨きをかけていきたい。

とはいえ、記録向上のためには弱点の克服も不可欠。課題に向き合うトレーニングは苦しいことが少なくないが、目を背けることなく、着実にレベルアップしていこう。スプリント走にまぐれはない。地道な鍛錬の積み重ねが、0コンマ何秒の更新につながる。

POINT 1

勢いよく飛び出し スタートでは接地時間を長く

スタート局面では、集中した中で安定した「オン・ユア・マークス」と「セット」の体勢を作り、スタートの合図とともに勢いよく飛び出す。最初の２歩は浮かせずにすり足気味に最短距離をとり、スタートでは接地時間を長く、地面を強く押すことを意識する。

POINT 2

1次加速で速度を立ち上げ 2次加速でさらにスピードアップ

加速局面は、スタート直後の１次加速では１歩１歩を大きく走り、２次加速で上体を起こしながらピッチを上げてトップスピードへとつなげる。スタートから約20mまでが１次加速、40mまでが２次加速の局面で、これは100m走でも400m走でも変わらない。

POINT 3

リラックスして できるだけスピードを維持する

50mあたりでトップスピードを迎えたら、そこからできるだけスピードを維持する。この局面では、接地時間を短く点で着くように走る。力んでしまうとスムーズな手脚の運びができない。他のレーンは意識せず、上体をリラックスさせて、腕振りはコンパクトに行う。

プラス 1 アドバイス

各種目が共通で スピード維持がカギ

スプリント走は、100mと200mのショートスプリントと、400mのロングスプリントがあり、100mは直線のみ。200mと400mはカーブを走る局面が加わる。いずれの種目もトップスピードを上げて、できるだけ長くスピードを維持させることが好走のカギになる。

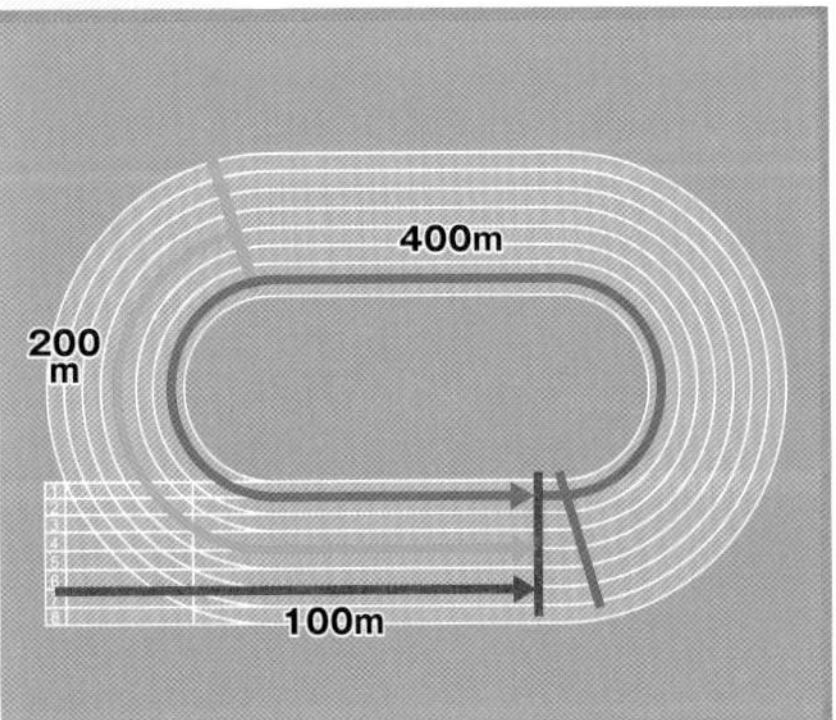

PART4

コツ 31

腕の反動を使って力強く蹴る

ボックスからのハードルジャンプ（スタート）

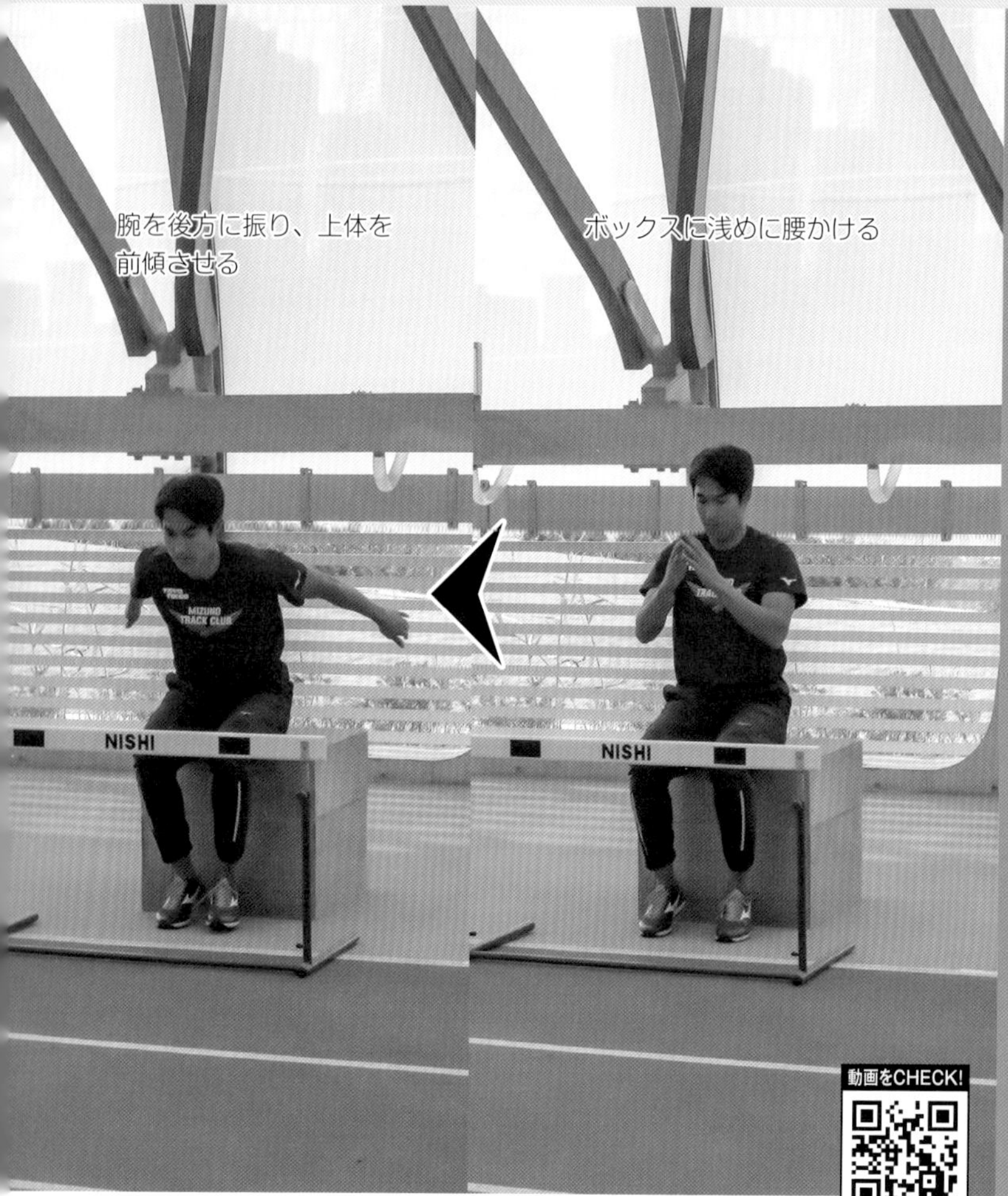
ボックスに浅めに腰かける
腕を後方に振り、上体を前傾させる
NISHI
NISHI

動画をCHECK!

両脚でジャンプし スタート時の瞬発力を磨く

スタート局面の瞬発力や爆発力を強化するトレーニングとして、ボックスに座った体勢から両脚ジャンプでハードルを跳び越える。ボックスには浅めに座り、腕を後方に振ったタイミングで上体を前傾させると、次の跳躍動作に移行しやすい。高く振り上げる腕の反動を利用し、力強く地面を蹴る。

恐怖感がある人は、最初はハードルを置かずに跳ぶだけでもいいだろう。両脚でピタッと止まったとき、パワーポジションを意識する。できるようになったら誰かに手を叩くなどの合図をしてもらい、すばやい反応で跳ぶと、スタート局面により生かせる。

パワーポジションで
ピタッと止まる
できるだけ高くハードル
を跳び越える
振り上げる腕の反動を使
い、力強く地面を蹴る
NISHI

POINT 1 浅めに腰かけて ジャンプにつなげる

深く腰掛けてしまうと、ジャンプできない。ボックスには浅めに座り、上体を前傾させることでパワーポジションに近づく

POINT 2 体幹を締めて できるだけ速く高く跳ぶ

最終的には速く高く跳ぶことを目指す。そのためには腹筋周りを締めて、安定した体幹で跳び越えられるようにしたい

PART 4

コツ 32

チューブを使ってスタート姿勢をつくる

スタート時の力の入るポジションを探る

腰にチューブを巻きつけてスタート姿勢を作る

動画をCHECK!

負荷をつけられた状態でスタート姿勢を作る

スタートの姿勢をつくるトレーニング。腰あたりに巻きつけたチューブを後方から引っ張ってもらう中で、「オン・ユア・マークス」や「セット」の姿勢を作る。この直後の蹴り出す瞬間に最も力が入るポジションを探すのが目的。負荷をつけたまま走り出してみてもよい。

CHECK!

両手は肩幅ぐらいの広さでスタートラインにつく

スタートの瞬間に最も力が入るポジションを探す

「セット」に向けて腰を上げる

POINT 1 パートナーは地面と水平に引っ張る

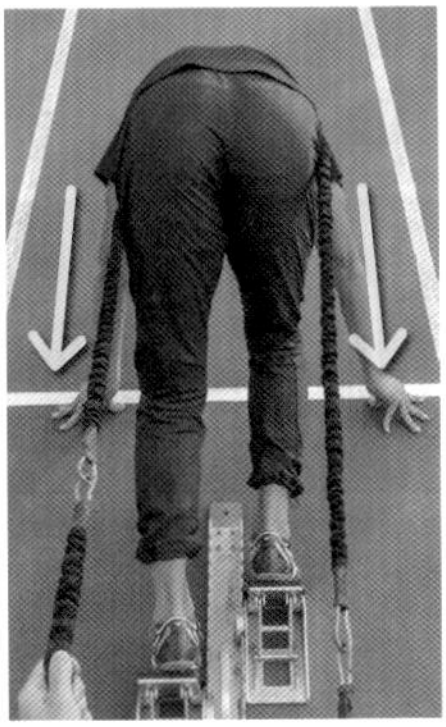

チューブを持つパートナーは、できるだけ地面と水平になるようにチューブを引っ張る。負荷の大きさは加減が可能だが、走っている人がフォームを崩さない程度の適度な負荷をかける。

POINT 2 左右のバランスを調整する

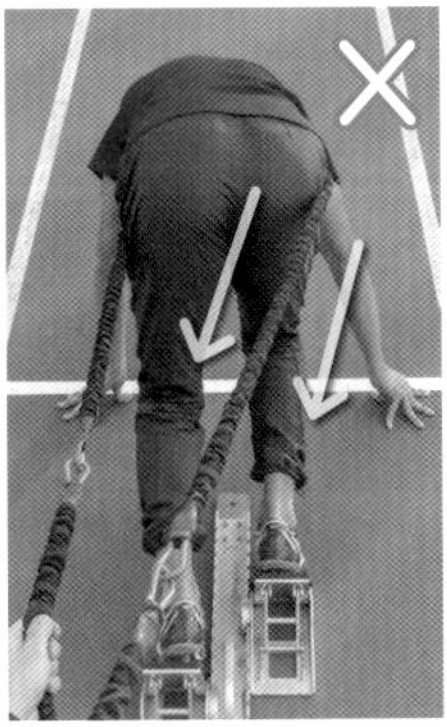

後方から見て、お尻が傾いているなど左右のバランスが悪いときは、チューブの引っ張る向きを調整し、修正してあげるとよい。何度か行ってからチューブを外してスタートしてみよう。

コツ
33

ジャンプから蹴り出すスタート

蹴り出すタイミングを確認する

「セット」の体勢からポーンと両足を浮かせる

着地したタイミングでスタート。頭と腕は動かさない

動画をCHECK!

軽くジャンプしてから勢いよく蹴り出す

スターティングブロックは使わずにスタート姿勢を作り、両足で軽くジャンプしてから飛び出す。この狙いは、蹴り出すタイミングを確認すること。「オン・ユア・マークス」から「セット」にかけて、頭と肩から下の腕を安定させることが重要になる。両足をポーンと浮かせて力強く蹴り出そう。

CHECK!

頭と肩から下の腕を安定させて動かさない

蹴り出したとき、頭から
足首までが一直線になる
ように

POINT 1 最初の2歩はすり足気味に運ぶ

最初の２歩は浮かせず、すり足気味に最短距離をとる。

POINT 2 ブロックを使用して実際にスタートする

蹴り出すタイミングが身についたら、仕上げにスターティングブロックを使用し、通常のスタートを行ってみよう。

PART4

コツ 34

坂道ダッシュスタート 蹴り切る動作で重心を前へ

目線は上げずに。後ろ足で強く蹴り切ることを意識する

動画をCHECK!

接地時間を長くし 地面をしっかり押す

スタート強化するためには、上り坂を駆け上がるトレーニングが最適。接地時間を長くし、地面をしっかり押して、重心を前に移動させる。後ろ足で強く蹴り切ることを意識したい。ピッチでちょこちょこ走ってしまう人がいるが、ここでは1歩1歩地面をとらえ、大きな動きを心がける。

坂はあまり急すぎず、フォームを崩さない程度の角度がよい。スタートから1次加速の局面をとくに強化したければ、やや急な角度を使い、その分、上体の前傾も大きくなる。2次加速以降を強化したい場合は、それよりも緩やかな坂道を使うといいだろう。

地面をしっかり押して、
重心を前に移動させる

腕振りを含め、大きな動き
を心がける

POINT 1 大きな動きを意識し 重心を前に移動させる

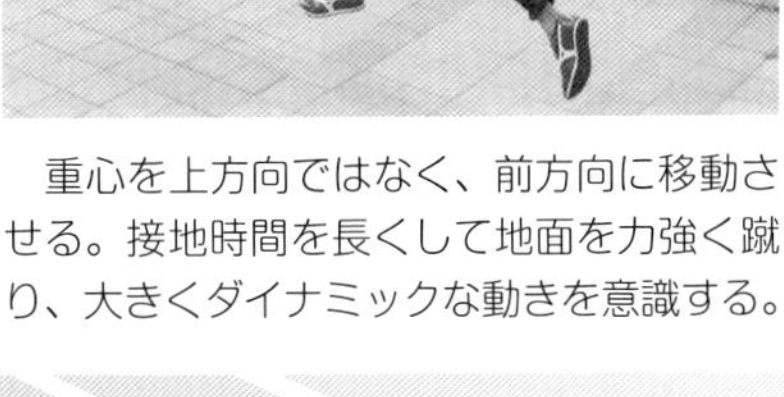

重心を上方向ではなく、前方向に移動させる。接地時間を長くして地面を力強く蹴り、大きくダイナミックな動きを意識する。

POINT 2 片手をついた 三点スタートで始める

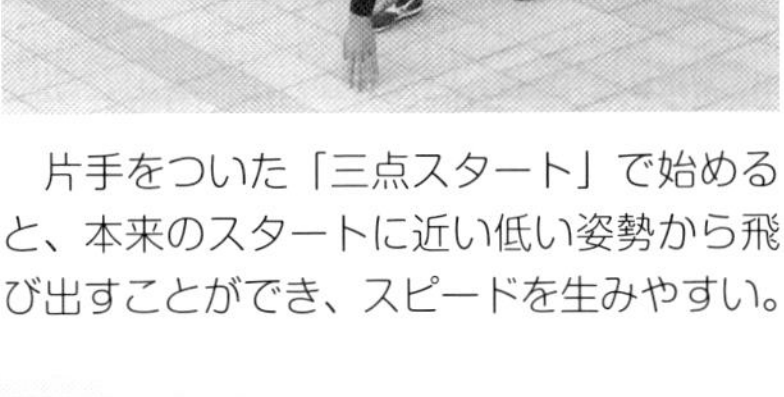

片手をついた「三点スタート」で始めると、本来のスタートに近い低い姿勢から飛び出すことができ、スピードを生みやすい。

PART4

コツ 35

スピード・加速力を高めるトレーニング

スピード維持局面のフォームを洗練させる

動画をCHECK!

上体を起こした状態で後方から負荷をかけてもらう

スタートからトップスピードまでの加速局面の走力を高めるために、レジステッドトレーニングによって向上させるのが狙い。後方からチューブで引っ張ってもらい、負荷がかかった中で走ることで、前方向への推進力の向上が期待できる。

スピード維持の局面なので、加速局面では前傾させていた上体は起きている。ゆっくり走り始め、徐々にスピードを上げてから負荷をかけてもらうといいだろう。後方のパートナーもそれなりの走力が求められる。

ゆっくり走り始め、スピードを上げていくに従って後方からの負荷も上げてもらう

POINT 1 接地時間を短く点で着くようなイメージ

腕振りを大きく、負荷に負けないように、前方向へ重心移動させる。

POINT 2 チューブを外して実際に走ってみる

何本か行った後、チューブを外して通常の走りで確認。上体をリラックスさせて、腕振りはコンパクトに行う。

コツ 36

ストライドを縮めて回転を速める

マーク走でトップスピードを高める

通常よりも少し狭めた歩幅で置いたマークの間を駆け抜ける

速いピッチの感覚をつかみスピードを上げる

トップスピードを高める狙いがある「マーク走」。自分のストライドより少し狭い間隔でマークを置き、その間を走る。「スピード＝ピッチ×ストライド」という、歩幅を縮めることで、自然とピッチが上がり、自分のピッチよりも速い感覚が身につくという考え方だ。上体はリラックスし、腕や脚はいつものイメージよりもコンパクトに動かす。

マークがある区間を駆け抜けた後も、10～20mはその走りを継続することが大切。たとえば20～40m、70～90mの2ヶ所にマークを置き、１００mを走り切ると、ピッチが上がる感覚をよりつかめる。

マーカー　マーカー
FINISH　START
20m　20m

マークの区間が終わってもその走りを継続する

腕や脚は通常の走りよりもコンパクトに動かす

ストライドを狭めることで回転が上がる

POINT 1 マークはやや狭めに置く

マークを置く間隔は選手のレベルによるので、何度も試しながら調整するといいだろう。

POINT 2 マークの区間を抜けてもその走りを継続する

体をコンパクトに動かして足を刻み、マークを置いた区間が終わっても同じ走りを保って駆け抜けるようにしたい。

コツ 37

重心を高く保ってスピードを維持する

スピードを高めるダッシュ＋ミニハードル

動画をCHECK!

ダッシュの前のミニハードルは、左右それぞれの脚で行い、計２本の片脚ジャンプを終えたら、スタートラインについてダッシュに入る。

ミニハードルジャンプと80m程度のダッシュを行う

ミニハードルでの片脚ステップとスタートからの80ｍ程度のダッシュを連続して行う。ミニハードルでパワーポジションを確認した上で、加速からスピード維持の局面では重心を高く保つことを意識して走る。

ミニハードルを片脚ジャンプする際は、１歩ずつ接地するたびにパワーポジションを意識する。スタート局面では、接地時間を長くして力強く地面を押していこう。

ダッシュ前に、ミニハードルでパワーポジションを確認する

片脚ジャンプの後はダッシュへ

スタート地点からのダッシュ。三点スタートでも OK

加速からスピード維持の局面では重心を高く保つことを意識する

PART4

コツ38

スピードを高めるための加速走

トップスピードを意識して高める

低い姿勢からスタート。

１次加速では、接地時間を長くしてストライドを大きくして体を前進させる

動画をCHECK!

トップスピードの区間を計測して前後の区間の走りに役立てる

スプリント種目に共通して大切なのが、スタートから10ｍ以降のトップスピードの高さだ。加速走では、この区間のタイムを計測し、より意識することでスピードアップを目指す。

計測はスタートから10ｍ地点を通過したところで計りはじめ、30ｍまたは60ｍでタイムをとる。

最初の10ｍでしっかり加速できるかが重要なポイント。スタートブロックなしでも、しっかり一次加速ができていないと、トップスピードに入るタイミングが遅くなり、タイムも出ない。

トップスピードはリラックスしてスピードを維持する

2次加速ではピッチを上げることを意識する

POINT 1

10m 地点から計測をスタートする

10m の地点で計測する人は、ピストルまたは手を降ろすなどの合図を受けてストップウォッチをスタートさせる。

POINT 2

三点スタートからしっかり加速する

スタートブロックを使わず、スタートから 10m 地点までの一次加速で、しっかりトップスピードに入るための準備をする。

コツ39

速いスピードで走って神経系を刺激する

トップスピードを高めるアシステッドトレーニング

緩やかな下り坂を走る、速い人にチューブで引っ張ってもらうなどの方法がある

動画をCHECK!

動きをアシストして速いスピードを体感する

筋肉や動き自体に負荷をかけるレジステッドトレーニングに対し、動きを援助（アシスト）して通常より速いスピードを体感する練習を「アシステッドトレーニング」と呼ぶ。緩やかな下り坂を走ったり、速い人とチューブやゴムで腰あたりを結び合い、引っ張ってもらったりする方法がある。

本来のスピードの限界を超えて走ることにより、神経系を刺激するとともに、そのときの筋出力やフォームを習得するのが目的となる。フォームが崩れてしまうほどの速さでは意味がないため、スピード調節には気を遣いながら取り組むようにしたい。

コツ 40

トップスピードを高めるウェーブ走

スピードの上げ下げをできる状態にしておく

極端にスピードを上げ下げをする必要はない。ピッチを調整し、傍目にはわからないぐらいの切り替えで

動画をCHECK!

上げる区間は全力で抑える区間はリラックスして

ピッチを調整して、速いスピードとスピードを抑えた走りを交互に繰り返しながら、ペースを上げ下げする「ウェーブ走」。スプリント走ではいつでもスピードの上げ下げをできる状態にしておきたい。実際、トップ選手も常に全力ではなく、95％ぐらいの感覚で、あと少し上げられるという感じで走っている。

練習方法としては、たとえば120mを30mずつ4区間に分け、ピッチの調整でスピードの上げ下げを交互に行う。上げる区間はほとんど全力で、抑える区間は極端にスピードを落とすのではなく、リラックスしてピッチを少し落とす。

コツ 41

スピードを高めるペース走

ペース感覚を体に覚え込ませる

「この距離をこのペースで走る」と決めたら、遅すぎるのはもちろん、速すぎるのも良くない

動画をCHECK!

一定の距離を一定のペースでゴールまで走る

「ペース走」とは、ある一定の距離を一定のペースで走るトレーニングのこと。たとえば、「200mを25秒で走る」というペース走では、スタートからゴールまでを同じペースで走り、そのペース感覚を体に覚え込ませるのが狙いだ。したがって、そこで23秒で走ってしまうのは、目指す練習としては良くないということになる。

一定のペースで走るのが難しい場合、細かく区切って走ると、一定ペースを把握しやすい。30m毎とか50m毎にマークを置き、区間ごとにタイムを計測しよう。どの区間でスピードが上がりにくいかなど課題も明確になる。

コツ 42

スピード維持能力のアップを目指す

スピード維持のための20秒間走

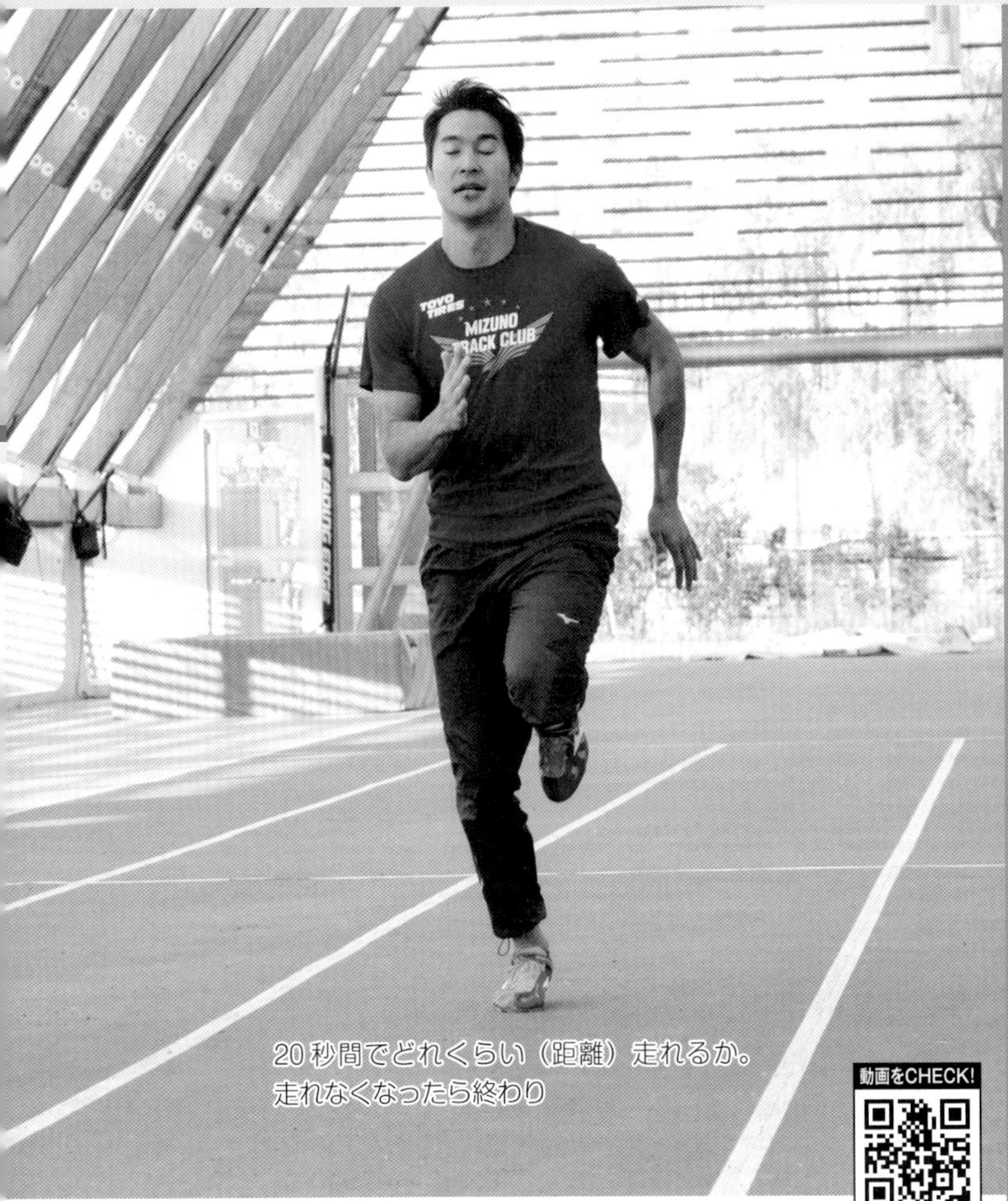

20秒間でどれくらい（距離）走れるか。走れなくなったら終わり

動画をCHECK!

だんだんきつくなる距離をできるだけ多く走る

あらかじめ決めた距離を20秒間でどれくらい（何ｍまで）走れるかという「20秒間走」は、筋肉を長時間動かす筋持久力を向上させるのが目的だ。陸上競技においては、40秒間走がポピュラーだが、ここではスプリント種目用として20秒間にしている。

たとえばはじめの距離を120ｍと設定し、20秒間で走る。20秒間で走ることができたら、次は距離を130ｍに設定する。同じように20秒間で走れたら140ｍに伸ばす。その後150、160と伸ばしていき、20秒間で走れなくなったら終了する。

コツ 43

最初に負荷をかけてから全力疾走する

スピード維持のための250mフリー+80m

最初のフリーの部分はジョギング程度のスピードで、負荷をかけることが目的。距離を短縮してもOK

負荷をかけた中で走り速度逓減率を下げる

ペースを決めずにジョギング程度のスピードで体に負荷をかけてから、全力疾走に切り替えて走るトレーニングは、レース終盤の速度逓減率を下げることを目的としている。

一例として挙げる「250mフリー+80m」は、おもに200mや400mの選手向けで、250mをゆっくり走った後、80mを全力で走る。100mの選手の場合、負荷をかけるフリーの部分は100mや150mに、全力の部分は50~60mに短縮して構わない。2本、3本と何本か行うときは、80mの部分でできるだけタイムを落とさないようにしたい。

コツ 44

リレー練習

個々の力を高めるためにリレーに取り組む

リレーには、チームワークを磨きながら、チーム間での競争意識を高める効果も期待できる

動画をCHECK!

リレー種目にも加速やスピード維持の局面がある

リレー種目には、スプリント走のすべての要素が含まれる。バトンの受け渡しでも、受ける方はスピードを高めていく加速、渡す方はスピードを維持する意識が欠かせないので、メンバー全員が加速やスピード維持の局面を磨く必要がある。したがってスプリント向上のためにリレーに取り組むことは有益と言える。

一般的には、第1走はスタートが得意な選手、第2走は距離がやや長くなるため、チームのエースが入り、第3走はカーブが得意な選手、勝負強い選手がアンカーを任させる傾向にある。オーダーは適性を見ながら組むといいだろう。

COLUMN

ハードル種目も好タイムのためにはスプリント力が不可欠

ハードル種目は、男子の１１０ｍハードルと女子の１００ｍハードル（スプリントハードル）、それに男女の４００ｍハードルがある。

スプリントハードルは、レース全体をカバーする歩数が決まっているため、ピッチを速く刻むことが好タイムを叩き出すポイントになる。効率よく接地し、体をスムーズに前に移動させるには、スプリント走と同様、接地した瞬間にパワーポジションを固めることが欠かせない。基本的にハードル間は3歩で刻むが、レース終盤に3歩で刻むことが難しくなる選手は、ストライドを伸ばすトレーニングも必要になってくる。

４００ｍハードルは、レベルによってハードル間の歩数が変わってくる。スプリントの４００ｍと同じように、レースが進むと徐々にスピードが落ちてくるので、それを防ぐためにハードル間の歩数を１〜２歩増やす。つまり、ストライドを小さくし、ピッチを上げることでスピード低下を抑えるというわけだ。

もちろん、ハードル種目では、あまり高く跳びすぎないなどのハードリング技術も重要である。しかし、絶対的なスピードが何より求められるハードルにおいては、専門にしている選手であっても普段からスプリント練習の時間の方が圧倒的に多い。ピッチあるいはストライドの向上を目指し、積極的にスプリント練習に取り組んでほしい。

PART5
スプリンターのコンディショニング

コツ 45

コンディショニング

心技体を整えて質の高い走りを実現する

心技体を高いベルに保ち スプリント競技にチャレンジ

　コンマ何秒の短縮に挑戦していくスプリント競技では、「心技体」の充実が欠かせない。いずれが崩れていれば、好記録を出すことはもちろん、質の高い練習を続けていくことも難しくなってしまう。心技体のすべてをバランスよく整えていくことで、常に高いパフォーマンスを発揮できるスプリンターになる。

　心技体の「心」は、日々の練習への取り組み方やレース本番での心の持ち方。「技」は、走るうえでの根幹をなす走力やフォームだ。「体」とは体力であり、ケガの予防や食事、休養なども含まれる。これら心技体がうまくかみ合ったとき、最大限のパフォーマンスを発揮できる。

POINT 1 メンタルの充実が良い走りにつながる

心技体で「心」の部分は、練習量やスピードと違って数値化できないため、見落としがち。しかしメンタルは、レース結果に大きな影響を及ぼす要素だ。練習への取り組みからレース本番まで、一定のメンタルで競技のぞむことができれば、理想の走りが実現する。

POINT 2 練習計画を考えて進捗の度合いを把握する

「技」は、フォームづくりや走力について表す。限られた練習時間の中で効率よく総合力を高めていく。具体的な目標設定や綿密な練習計画から、考えていく必要がある。日々の練習に取り組んで行くなかで、自分の走りにどのような変化があるのか把握することも大切だ。

POINT 3 トレーニングや食事で体力をアップさせる

技術面とともに体力面も向上していかなければならない。練習を継続していくなかで疲労が蓄積したり、体調を崩したり、ケガをするだけでコンディションは落ちてしまう。そうならないためには、体づくりの土台となる食事や休養にも気をつけて取り組む。

プラス 1 アドバイス

寝具にこだわり 質の高い睡眠をとる

体の疲れをしっかりとるための睡眠において、飯塚選手の場合は寝具にこだわりを持っている。自分にあったベッドや枕をチョイスすることで8時間の睡眠の質が高くなり、翌日以降のパフォーマンスに好影響をもたらしている。

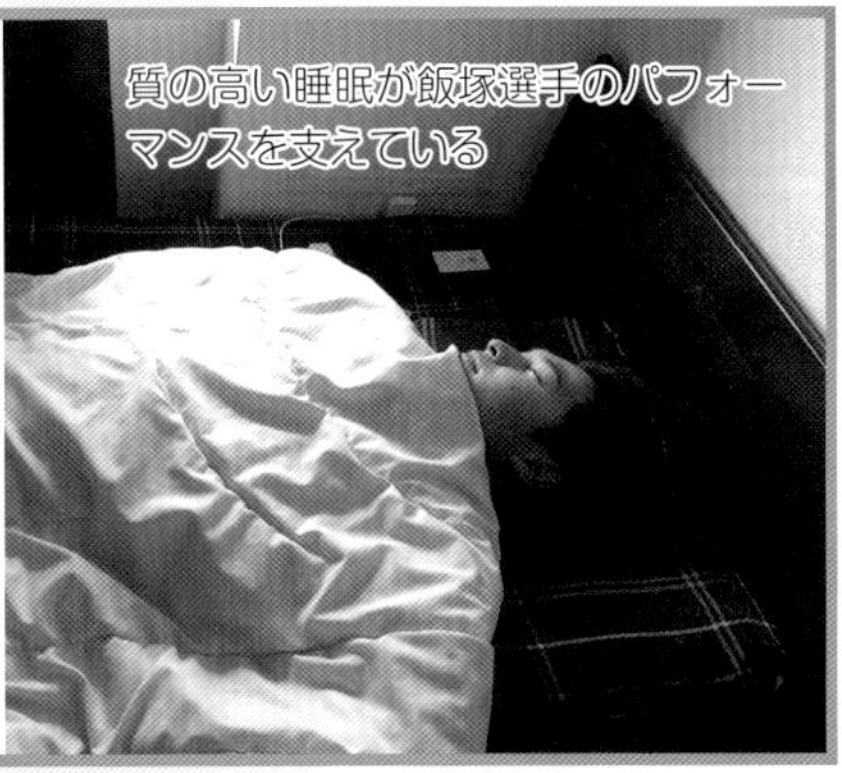

質の高い睡眠が飯塚選手のパフォーマンスを支えている

コツ 46

動画をCHECK!

ウォーミングアップ
コアな筋肉に刺激を入れて走る準備をする

ウォーミングアップしながらメンタルにもスイッチオン

スプリンターのウォーミングアップとは、スタートラインにつき、いつでも全力で走ることができる状態に心と体の準備をすること。とりわけ体の部分は、特別なことは行わず、練習時と同じ手順で仕上げていくことがポイント。

従来行われてきた体温や筋温、心拍数をあげていくウォーミングアップとは少し意味合いが異なる。むしろ体幹部の筋肉群はある程度の刺激を入れて、「固めていく」作業が重要になるのが特徴だ。

試合当日はレースの約1～1.5時間前から徐々に体を動かしつつ、メンタル部分にもスイッチが入るようウォーミングアップに取り組む。

POINT 1 当日のコンディションをしっかり見極める

レース当日のコンディションは、会場に入ってみなければわからない部分もある。気象条件や自分の体調など、複合的な要素で変わってくるので、まず自分の体としっかり対話してみよう。仮に不調な部分があれば、無理は禁物。コーチに相談しつつ、冷静な判断も必要になる。

POINT 2 体幹トレーニングで体の中心部をつくる

走る前の準備段階としては、体幹部に刺激を入れて中心部をしっかりつくることからスタート。メニューは日頃の練習で行う体幹トレーニングだ。体の中心部を「固める」この作業は、筋肉の柔軟性や関節の可動域を広くするストレッチングとは別のものだと理解しよう。

POINT 3 本数に制限を設けず自分の感覚で仕上げる

体の中心部ができてきたら、軽いダッシュなどで実走に入る。レース本番を意識し、スタートの感覚を確かめるためにも、スタートラインから走るのも良いだろう。ダッシュの本数に制限は設けず、「準備ができた」という自分の感覚を大切にすること。

プラス 1 アドバイス

ウォーミングアップ中にパワーポジションをチェック

ウォーミングアップでは、スプリント競技で大切なパワーポジションの確認もしなければならない。ミニハードルなどがなくてもパワーポジションをチェックできるエクササイズをひとつ身につけておくと良いだろう。

コツ
47

クールダウン
緊張した筋肉をほぐし体のケアをする

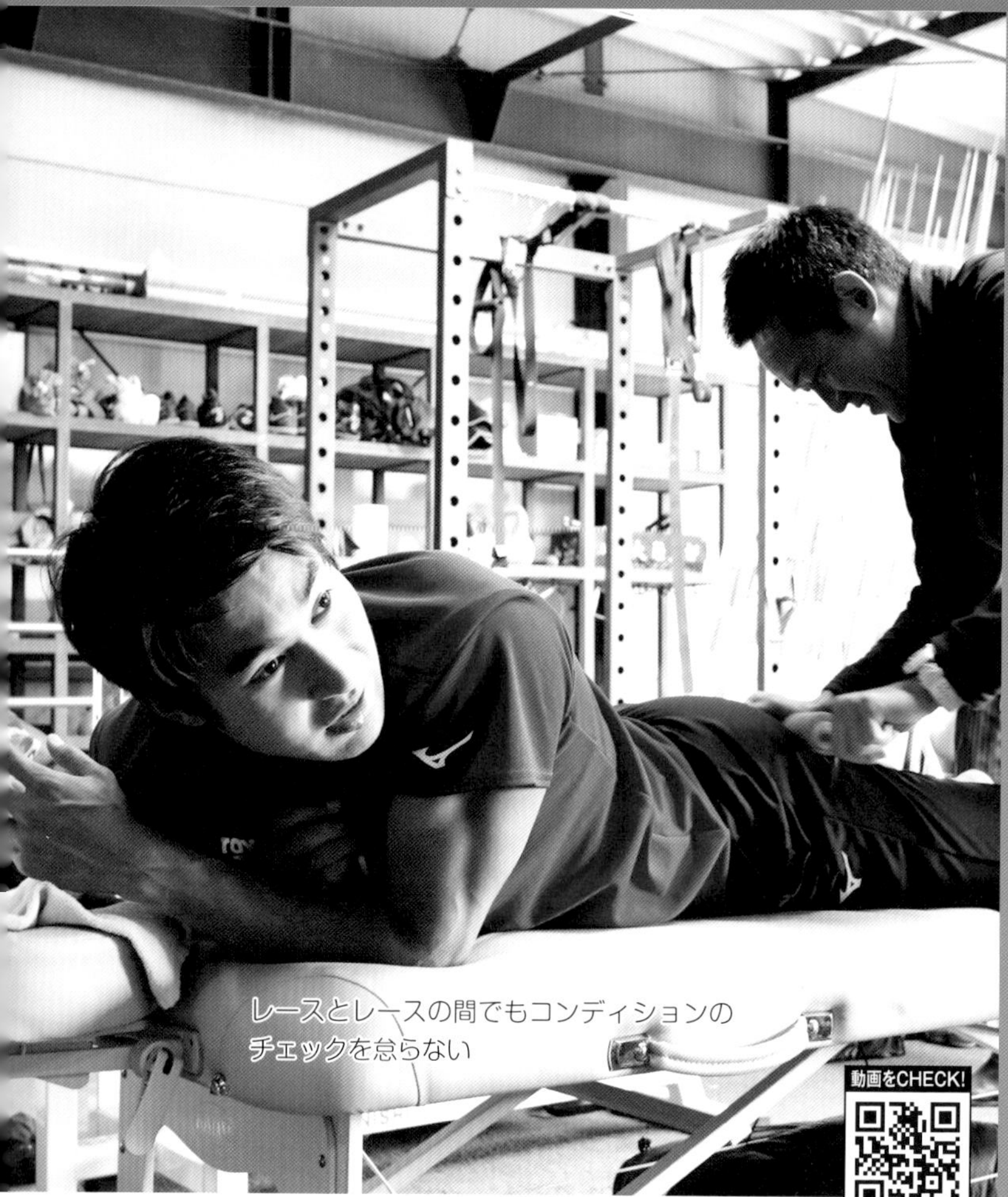

レースとレースの間でもコンディションのチェックを怠らない

動画をCHECK!

レースや練習後にストレッチで体をケアする

レースや練習後にはクールダウンのストレッチで体をケアすることが基本。運動後のストレッチは、ダメージを受けた筋肉をほぐし、筋肉内にある疲労物質を押し流して、翌日以降のコンディションに好影響を与える。

特に体幹まわりの筋肉は、スプリンターにとってケアしなければならない大事なパーツ。ウォーミングアップで固めた筋肉をストレッチしながら、ほぐしていくことで緊張から解放する。

脚も不調がないかチェックしながら、全体をほぐす。練習を締めくくるうえでも必ず取り入れて、質の高い練習を継続しよう。

POINT 1 ストレッチを入念に行い トレーニング効果をアップ

パフォーマンスの維持やケガの予防、疲労を残さないといった目的で練習後に行うのがストレッチ。ストレッチには精神的な緊張をやわらげるなど、心身のコンディションづくりにもつながるといわれている。レースや練習後に整理運動として取り組むと良いだろう。

POINT 2 伸ばしたところでキープして 筋肉をしっかりほぐす

ストレッチは、ターゲットとなる筋肉を伸ばしたところで約30秒キープするのが基本。自分で「伸びている」と感じるところまで、しっかりストレッチする。筋肉の大きさや部位によっても、ほぐれるスピードが変わるので、調整しながら取り組むことが大事。

POINT 3 体幹部と脚部を 中心に入念にほぐす

スプリンターにとって大事なのが体幹まわりと脚部の筋肉だ。使った筋肉は入念に伸ばしてケアする。特に体幹部は意識しにくい筋肉群なので、全体のバランスを意識することもポイントだ。「前側だけ、片側だけ」という偏りがないようバランスよくほぐす。

プラス 1 アドバイス

トップスプリンターは 足首が硬い !?

ストレッチの目的を柔軟性向上と勘違いしがちだが、あくまでパフォーマンス維持のためのクールダウンと考える。飯塚選手のようなトップスプリンターになると、しゃがもうとしても、足首が硬く腰を落とすことができない。体の柔らかさがパフォーマンスに直結していないことがかわる。

トップ選手は
足首のはい屈が固い

コツ48

練習計画と管理
高いパフォーマンスを発揮できる環境をつくる

寒い時期でもスパイクを履いて負荷の高い練習をする

従来の競技シーズンにオンとオフを設ける考え方を辞め、新しいコンディション調整法に取り組んでいる飯塚選手。世界のトップランナーたちが、常にスピードを高めて、いつでも走られる状態にあるパフォーマンスに手がかりを見出したようだ。

日本国内スプリンターの場合、冬期は意図的にコンディションを落としてタイムを追い求めないトレーニング期に入るのが定説。しかし、練習場を屋内に移したり、入念なウォーミングアップを取り入れることで、リスクのある寒い時期でもスパイクを履いた負荷の高い練習ができるようになる。

POINT 1 練習内容を記録して自分の走りに生かす

練習計画は自分でノートやパソコンで管理する。練習時のコンディションの良し悪しや自分で感じたことを細かく書き込んでいくことで、その蓄積がのちの大きな財産となる。飯塚選手の場合、高校時代から携帯端末などに書き込んで管理している。

POINT 2 寒い時期にスピードを落とさず常に高めていく

国内の多くスプリンターはトレーニング期に入るため、一旦スピードを落とす傾向にある。気候が温かくなるにつれ、コンディションをあげてピークをつくっていく従来の調整に対し、常にトップスピードで走れる状態に維持するのが飯塚流のコンディショニングだ。

POINT 3 月１回のタイム測定でトップスピードを意識する

月1回のタイム測定でスピードが落ちないよう心掛け、寒い時期でも週3回ぐらいはスパイクを履いて負荷の高いトレーニングを行う。この調整は、一般の選手でも可能。スケジュールに合わせて、追い込んだり休んだりする必要はあるが、スピードを維持することは難しくない。

プラス１アドバイス

失敗を恐れずチャレンジし続ける

「予想できる範囲の挑戦では、それなりのところにしか行けない」という飯塚選手は、目標設定や練習計画においても、チャレンジを意識している。失敗を恐れてチャレンジしないのではなく、失敗が知識や経験となり、次の糧になるのだ。

コツ 49

食事

食材や調理にこだわり栄養補給する

食事もトレーニングの一部として、取り組むことが大事

栄養管理されたメニューで理想のアスリート食を実践する

食事による栄養補給は、コンディショニングの中でも重要度が高い項目だ。

食事は練習やレースで体を動かし、集中力を維持するためのエネルギーとなるだけでなく、筋肉や骨格、人体など体のあらゆる部位を形成・強化する材料にもなる。栄養素の種類と主な働きといった知識を理解し、バランスの良い食生活を実践することが大切。

食習慣の基本は、「朝昼夕の3食を毎回しっかり摂る」「5大栄養素が揃うメニューにする」の2つ。飯塚選手の場合、サポートを受けているトレーニング施設での栄養管理された食事や自炊によって、アスリートの食事を実践している。

飯塚選手のバランスのとれた手料理

POINT 1 五大栄養素をバランスよく摂る

五大栄養素とは「糖質・たんぱく質・脂質・ミネラル・ビタミン」をさす。これら栄養素を三食でしっかり摂ることがアスリート食の基本。朝昼夕のどこかを抜くと食事の間隔が空きすぎて栄養素の吸収率が落ちたり、体脂肪を過剰に貯め込みやすい体質になったりする。

POINT 2 3食を補う間食で栄養を補給する

運動の前・中・後の補給食（間食）や給水も十分なパフォーマンスの発揮には必要だ。摂るタイミングにも気を配り、空腹・満腹状態で練習やレースに臨まないようにする。ハードな練習をした後は、疲労の回復を促す栄養素の速やかな補給が大切だ。

飯塚選手調理

POINT 3 食べたことで体にどう影響するのか意識する

口から体のなかに入ったものが、自分にとって良いものなのか、常に意識することがアスリートにとっては大事。食べた翌日は少しお腹が張るなどの、ちょっとした不調も見逃さない。試していくなかで、自分にとって何がベストな食材なのか探していくことが求められる。

プラス 1 アドバイス

摂りたい栄養素から食材選びをはじめる

料理をつくる時は「肉じゃがをつくろう…ではなくニンジンを食べよう」からスタートするという飯塚選手。摂りたい栄養素の食材選びからはじまり、食材を生かした調理法を考えるという。アスリートならでは視点といえる。

コツ 50

メンタル

オンとオフを意識して競技に取り組む

練習に辛いイメージを持たず ポジティブに取り組む

スプリント競技に携わるアスリートのメンタルには、本番で力を発揮するためのアプローチと高いモチベーションを維持して練習するためのアプローチがある。スプリント競技の練習には個人競技のため、「孤独」なイメージがあるが、飯塚選手の場合は競技の垣根を越えて、さまざまなアスリートたちと一緒にトレーニングをして刺激し合っている。

練習に辛いというイメージを持たないこと。キツイ練習だと「やっと終わった」というテンションにしかならないが、最後に笑って終わるくらいの楽しいイメージで取り組んだ方が、練習の質もグンと高くなる。

POINT 1 レース直前にスイッチを入れる

レースではギリギリまで意識しないようにする。できるだけ日常生活の延長でのぞむことが大事。集中する時間が長ければ長くなるほど、心身が疲労してパフォーマンスが期待できない。レース当日の朝から少しずつ高めていくイメージだ。

POINT 2 周りに気をとられず自分のペースでアップする

本番のレース会場入って、外を見渡すと集中できなくなることがあるので注意。大きな大会となれば観客も多くなる。できるだけ自分のペースでウォーミングアップすることが大切だ。いざ周りが気になると、落ち着かなくなり、目線がキョロキョロしてしまう。

POINT 3 アスリートが受け身にならずコーチに問いかける

コーチは選手を客観的に見てくれた上で、適切なアドバイスや指導をしてくれる重要な存在。コーチ1人に対して選手30人のような部活動では、環境が整わない部分もあるが、アスリート側が受け身にならず、迷ったことは積極的に問いかけることが大切だ。

プラス 1 アドバイス

集中できないときは個室トイレへ

飯塚選手はレース前に必ず個室トイレに入るそうだ。誰にも邪魔されずアナウンスも聞こえない個室トイレは、集中力をアップできる絶好の環境。その場で優勝インタビューの内容も考えたのは飯塚選手ならではのエピソードだ。

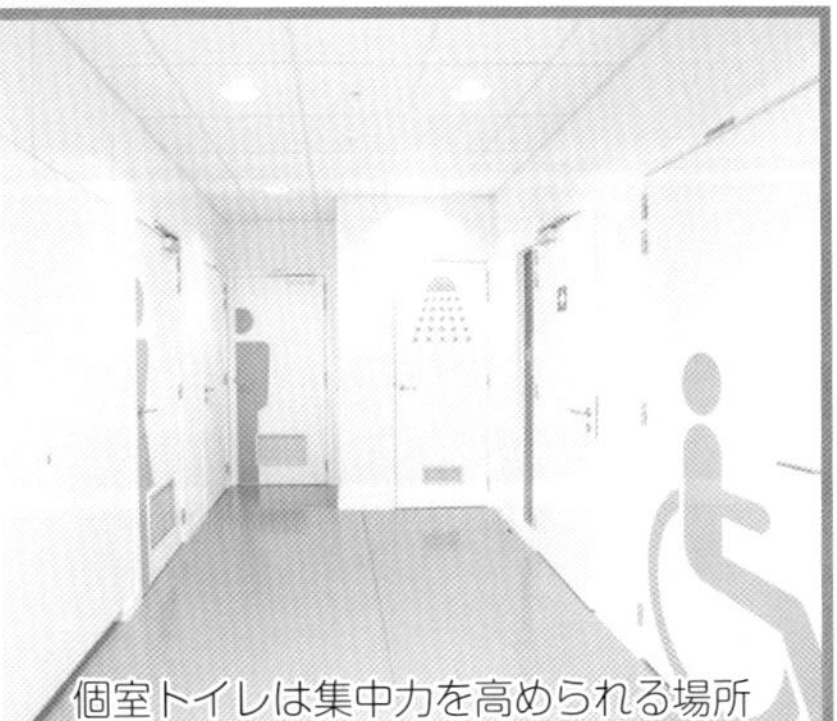

個室トイレは集中力を高められる場所

協力

中央大学陸上競技部　短距離ブロック

1920年に創部され、数多くの選手を育成。2010年関東インカレでは、4×100mリレーで日本学生新記録樹立。2017年日本インカレ、関東インカレ400mリレー優勝、日本選手権400mリレー優勝、2018年日本インカレ400mリレー優勝（6連覇）。オリンピック選手をのべ36名排出。

協力

新豊洲Brilliaランニングスタジアム

誰もが走る喜びを実感できる、全天候型60m陸上競技トラックとパラアスリートを支援する義足開発ラボラトリーが併設された、世界で初めてのユニークな施設。

https://running-stadium.tokyo/

協力

CREED PERFORMANCE

トレーニングを提供するだけでなく、ライフスタイルを豊かにする活動のサポートを信条（CREED）としているフィットネスジム。機能解剖学、運動生理学に基づいた科学的トレーニングを取り入れた指導をし、アスリートやクライアントに合わせた優先順位やボリュームを調整しながら、楽しくトレーニングを行っている。

https://creed-performance.com/

協力

学校法人三幸学園 沖縄リゾート&スポーツ専門学校

スポーツトレーナーやインストラクターを育成する専門学校。全国に姉妹校があり、経験豊富な講師陣による指導で、資格取得と就職率の高さを誇る。

全ての動画が視聴できます

URLからも動画を視聴できます

https://gig-sports.com/st-all/

※二次元コードについては、お手持ちのスマートフォンやタブレット端末バーコードリーダー機能、または二次元コード読み取りアプリ等をご活用ください。

※機種ごとの操作方法や設定等に関するご質問には対応しかねます。その他、サーバー側のメンテナンスや更新等によって、当該ウェブサイトにアクセスできなくなる可能性もあります。ご了承ください。

※YouTubeの視聴には、別途通信料等がかかります。また、圏外でつながらないケースもあります。あわせてご了承ください。

※本動画の権利は株式会社ギグに属します。再配布や販売、営利目的での利用はお断りします。

監修

豊田《とよだ》 裕浩《やすひろ》

中央大学陸上競技部コーチ

1973年4月11日生まれ。茨城県出身。中央大学法学部から横浜国立大学大学院に進む。教育学修士。1996年からは中央大学の職員となり、中央大学陸上競技部をサポートする。

国際陸上競技連盟CECS公認コーチ。日本スポーツ協会(陸上競技)公認コーチ。東京オリンピック2020陸上競技コーチ。

モデル

飯塚《いいづか》 翔太《しょうた》(ミズノ所属)

短距離選手。リオデジャネイロオリンピック(2016年)4×100mリレー銀メダリスト。

ベスト記録100m10秒08、200m20秒11

1991年6月25日生まれ。静岡県出身。中学一年時にジュニアオリンピックDクラス100m優勝など早くから頭角を現す。静岡県藤枝明誠高校時代は国体の100m、200mで優勝。中央大学法学部へ進学し、卒業後はミズノへ入社。2010年世界ジュニア選手権200m優勝、オリンピックでは3大会(ロンドン、リオデジャネイロ、東京)に連続出場している。2013年·2016年·2018年·2020年日本選手権200m優勝。2014年アジア大会4×400mリレー優勝。2016年リオデジャネイロオリンピックの4×100mリレー2位、2017年世界選手権4×100mリレー3位など、数々の好成績を残す。

モデル

竹田《たけだ》 一平《いっぺい》(スズキ浜松アスリートクラブ所属)

短距離選手

ベスト記録100m10秒27

1997年3月13日生まれ。埼玉県出身。

埼玉県立不動岡高校から中央大学へ進学し、卒業後はスズキ株式会社へ入社。

取材協力

友岡《ともおか》 和彦《かずひこ》

クリードパフォーマンス・パフォーマンスディレクター

1971年生まれ。立教大学卒業後、アメリカでスポーツトレーニング科学を学ぶ。卒業後、日本人初のMLBヘッドストレングスコーチとしてフロリダ·マーリンズ、モントリオール・エクスポズ、ワシントン・ナショナルズで10年間実績を積む。現在、クリードパフォーマンス・パフォーマンスディレクターとして数多くのアスリートを指導。NATA公認アスレティックトレーナー／NSCA認定ストレングス＆コンディショニングスペシャリスト

スタッフ
デザイン：都澤　昇
撮　　影：川嶋　政美
　　　　　柳　　太
　　　　　曽田　英介
執　　筆：桐生　由美子
　　　　　山口　愛愛
　　　　　小野　哲史
編　　集：株式会社ギグ

動画付き改訂版
陸上競技　スプリント　最速トレーニング

2023年　6月30日　第1版・第1刷発行

監修者　豊田　裕浩（とよだ　やすひろ）
出演協力　飯塚　翔太（いいづか　しょうた）
発行者　株式会社メイツユニバーサルコンテンツ
　　　　代表　大羽　孝志
　　　　〒102-0093 東京都千代田区平河町一丁目1-8
印　刷　株式会社厚徳社

ご意見・ご感想はホームページから承っております
ウェブサイト http://www.mates-publishing.co.jp/

編集長：堀明研斗　企画担当：堀明研斗

※本書は2019年発行の『タイムをもっと縮める！陸上競技　スプリント　最速トレーニング』を元に、動画コンテンツを追加し、書名と装丁の変更を行い、「改訂版」として新たに発行したものです。